平《ひら》賀《が》源《げん》内《ない》

江《え》戸《ど》の天才アイデアマン

榎本　秋・文

伝記を読もう

もくじ

はじめに

自然《しぜん》にある薬や食物となるものを研究する本草学者《ほんそうがくしゃ》、生活に役立つ発明をする科学者、小説や台本を書く戯作者《げさくしゃ》、絵画などを描《か》く画家、山で鉱物《こうぶつ》などを掘《ほ》る鉱山師《こうざんし》、食器《しょっき》などを作る陶芸家《とうげいか》、俳句《はいく》をよむ俳人《はいじん》――これが、すべて一人の肩書《かたが》きだと言ったらどうでしょう。多彩《たさい》な才能《さいのう》とあふれるアイデア、底《そこ》なしの好奇心《こうきしん》で江戸《えど》時代中期を生きた男がいました。

彼《かれ》の名前は平賀源内《ひらがげんない》。

現在《げんざい》の香川県《かがわけん》にあった高松藩《たかまつはん》に生まれ、武士《ぶし》の中でも低《ひく》い身分である源内は、学問に興味《きょうみ》をもち、藩《はん》を捨《す》て江戸《えど》に飛び出し、本草学、科学、蘭学《らんがく》などさまざまな学門の世界に身を投じてゆきます。

源内が生きた江戸《えど》時代の享保《きょうほ》から安永《あんえい》は、田沼意次《たぬまおきつぐ》、杉田玄白《すぎたげんぱく》、田村《たむら》藍水《らんすい》など時代を象徴《しょうちょう》する偉人《いじん》が生き、足跡《あしあと》を残した時代でもあります。

当時の日本は、鎖国《さこく》により外国との交流が制限《せいげん》されていました。きゅうくつな時代の中、源内は積極的《せっきょくてき》に西洋や中国の学門を研究し、さまざまな発見や成果《せいか》、アイデアマンとしてのエピソードを残《のこ》します。

身近なことでは、現在《げんざい》も残《のこ》る土用《どよう》の丑《うし》の日にウナギを食べるという習慣《しゅうかん》も、実はウナギ屋を流行らせるための源内のアイデアだったそうです。

そうした一方で、挫折《ざせつ》や失敗《しっぱい》も多い人物でした。しかし、挫折《ざせつ》したとき彼《かれ》を助けてくれたのは、いつも自分自身の才能《さいのう》だったのです。

「エレキテル」の代名詞《だいめいし》で知られ、江戸《えど》のレオナルド・ダヴィンチとも呼《よ》ばれる平賀源内とは、どんな人物だったのでしょうか？　源内が生涯をかけて達成《たっせい》したことは、日本にどのような影響《えいきょう》を残《のこ》したのでしょう。

日本の西洋科学や本草学の発展《はってん》とともに、彼《かれ》の人生をのぞいてみましょう。

一　「天狗小僧《てんぐこぞう》」と呼《よ》ばれた天才

平賀源内《ひらがげんない》が、はじめてその才能《さいのう》で人をおどろかせたのは一七三九（元文四）年、彼《かれ》がまだ四方吉《よもきち》と呼《よ》ばれていた十二歳《さい》のときのことでした。

幼《おさな》い四方吉《よもきち》は、酒を口に運ぶ父を見て問いかけます。

「父上。酒とはそれほどにうまいものなのですか。」

「もちろんだとも。祭りのときには神様にだって飲んでいただく飲み物なのだからな。」

「ならばぜひ、天神様《てんじんさま》にもお酒をわけてください。」

そう言って四方吉《よもきち》が別の部屋から持ってきたのは掛《か》けじくでした。黒い着物をまとい座《すわ》っている天神《てんじん》が描《か》かれていました。

父は目を丸くして、まじまじと掛《か》けじくをながめます。未熟《みじゅく》ながら「狩野派《かのうは》」と呼《よ》ばれる流派《りゅうは》の方法で描《か》かれ、絵心のあるみごとな天神像《てんじんぞう》だったのです。「狩野派《かのうは》」は室町《むろまち》時代の終わりごろから全国に広まった絵の流派《りゅうは》です。

「なんと、これは四方吉《よもきち》が描《えが》いたのですか。」

その場にいた母は感心したようにたずねました。

「はい、そうです。」とうなずき、父に向き直ります。

「父上、ぜひこの天神様《てんじんさま》にもお酒をおあたえください。」

「ははは。これはみごとな掛《か》けじくだ。良《よ》いとも。さぁ、飲ませて差《さ》し上げなさい。」

愉快《ゆかい》そうに笑《わら》う父の差《さ》し出すとっくりを受け取った四方吉《よもきち》は、無邪気《むじゃき》にほほえむと壁《かべ》にかけた掛《か》けじくの前に座《すわ》りました。

「さぁ、天神様《てんじんさま》。おいしいお酒でございます。」

四方吉《よもきち》がとっくりを掛《か》けじくの前に置くと、どうでしょう。天神様《てんじんさま》の顔がみるみる赤く染《そ》まってしまいました。

「なんと！」

「まぁ！」

父と母が同時におどろいて腰《こし》をうかせます。前のめりに掛《か》けじくをのぞきこんだ父が聞きました。

「どういうことだ四方吉《よもきち》。天神様《てんじんさま》の顔が赤く染《そ》まっておるぞ！」

声を荒《あら》らげた父に、四方吉《よもきち》はあっけらかんと振《ふ》り返《かえ》り答えます。

「何をおどろくのです、父上。父上も酒を飲んだあとはこのように赤くなるではありませんか。」

「いや、しかし……。」

おどろき、うろたえる両親に「当たり前のことだ。」と四方吉《よもきち》は満足《まんぞく》

気《げ》に笑《わら》うのでした。

もちろんこれは、本当に酒を飲んで天神様《てんじんさま》が赤くなったのではありません。四方吉《よもきち》は、掛《か》けじくの裏《うら》に赤い紙を仕こんでおり、ひもを引くと赤い紙が上にせり上がり、絵の裏《うら》の赤紙が透《す》けて天神様《てんじんさま》の顔が染《そ》まったように見えるというからくりだったのです。このからくり仕掛《しか》けの掛《か》けじくは「御神酒天神《おみきてんじん》」と呼《よ》ばれ、四方吉《よもきち》が最初《さいしょ》に周囲《しゅうい》をおどろかせた発明でした。

「おい白石《しろいし》のところの小僧《こぞう》の話を聞いたか。」

「ああ、天狗小僧《てんぐこぞう》のことだろう。なにやら変《か》わった子どもらしいぞ。」

この珍妙《ちんみょう》な掛《か》けじくの話はすぐに周囲《しゅうい》に広まり、その奇妙《きみょう》さから「天《てん》狗小僧《ぐこぞう》」などというあだ名がついたほどでした。

平賀源内は一七二八（享保十三《きょうほう》）年に讃岐国《さぬきのくに》の寒川郡志度浦《さんかわぐんしどうら》（現在《げんざい》の

香川県《かがわけん》さぬき市志度《しど》）に生まれました。

四国の右上に位置《いち》する讃岐国《さぬきのくに》は海が近く、大きな河川《かせん》には恵《めぐ》まれない土地でした。平らな土地が多く、田んぼや畑での農業に向いた地形にもかかわらず、雨が少なく水不足《みずぶそく》になやまされ、農業に適《てき》した環境《かんきょう》ではなかったのです。

しかし、そんな状況《じょうきょう》がかえって、讃岐国《さぬきのくに》の農業の発展《はってん》につながりました。川や湖から水を引いてため池をたくさんつくり、農地をうるおす方法を考え、立派《りっぱ》に作物を育てていたのです。

源内の父、茂左衛門《もざえもん》は讃岐国《さぬきのくに》をおさめている高松藩《たかまつはん》の蔵番《くらばん》でありました。蔵番《くらばん》とは米をたくわえておく蔵《くら》を管理《かんり》する人のことです。

源内には新吉《しんきち》と喜太郎という二人の兄がいましたが、彼《かれ》らは早くに死んでしまい、三男である源内が跡取《あとと》りとなりました。

幼《おさな》いときの名前を四方吉《よもきち》、伝次郎《でんじろう》、のちに嘉次郎《かじろう》と名乗り、通称《つうしょう》は元《げん》内《ない》を名乗ったのちに、源内と変《か》えているようです。

下には兄たちと同じように早死にしてしまった弟と、四人の妹がいました。

白石《しろいし》家は高松藩《たかまつはん》の蔵番《くらばん》と農業を仕事にして生活していたのでしょう。というのも、蔵番《くらばん》の一人扶持切米《いちにんぶちきりまい》三石という収入《しゅうにゅう》では、家族を養《やしな》うのはむずかしかったと思われるからです。扶持《ふち》・切米《きりまい》というのはこのころの給料《きゅうりょう》の単位《たんい》で、お金ではなくお米で支払《しはら》われるのがふつうでした。

このようなあつかいから、白石《しろいし》家は足軽《あしがる》の家系《かけい》であったと考えられています。足軽《あしがる》は、武士《ぶし》の中でも身分の低《ひく》い者たちでした。

源内は白石《しろいし》の名にどのような思いをいだいていたのでしょう。

のちに源内の名乗る「平賀」姓《せい》は彼《かれ》の先祖《せんぞ》に由来する姓《せい》です。

白石《しろいし》氏というのは父茂左衛門《もざえもん》の先祖《せんぞ》の姓《せい》でしたが、白石《しろいし》氏を名乗りはじめる前は平賀氏を名乗っていました。そのころに、平賀三郎国綱《さぶろうくにつな》という英雄《えいゆう》がいたと言われます。

源内がのちに父の白石《しろいし》という名字を捨《す》て、平賀という名字に改名《かいめい》したのには、国綱《くにつな》へのあこがれもあったのかもしれません。

そんな名前にさえこだわりを見せる四方吉《よもきち》の好奇心《こうきしん》は成長《せいちょう》と共に大きくなり、物事について深く知りたい、調べたいという思いはふくらんでいきました。彼《かれ》の興味《きょうみ》はやがて自然《しぜん》のあらゆるものについて研究する「本草学《ほんぞうがく》」や道徳的《どうとくてき》な考えを学ぶ「儒学《じゅがく》」といった学問に向いていくのです。

多くのことを知りたいという興味《きょうみ》もあったのでしょうが、「本草学《ほんぞうがく》」は人びとの生活に役立つ研究も多く、若《わか》くして源内はそのやりがいに気づいていたのではないでしょうか。

「私《わたし》はこれから、本草学《ほんぞうがく》や儒学《じゅがく》を学びたいです。」

十三歳《さい》の少年の目はまっすぐでした。御神酒天神《おみきてんじん》のできごとなどで、ふつうの子どもとはちがうことを感じていた父の茂左衛門《もざえもん》は、深くうなずき返します。

「では高松藩《たかまつはん》の医者に本草学《ほんぞうがく》を学ぶといい。儒学《じゅがく》なら菊池黄山《きくちこうざん》先生がいいだろう。」

父のゆるしが出た四方吉《よもきち》は、のちに彼《かれ》の人生に大きく関《かか》わることになる本草学《ほんぞうがく》の勉強を始めるのです。

「いいかい四方吉《よもきち》、本草学《ほんぞうがく》というのは昔の中国で始まったんだ。薬のことや食品のこと、植物に動物、鉱物《こうぶつ》について広く深く学ぶ学問だ。」

「はい先生。私《わたし》に多くのことを教えてください。」

答えた四方吉《よもきち》の表情《ひょうじょう》は期待に満《み》ちていました。

菊池黄山《きくちこうざん》のもとで学んだ儒学《じゅがく》は、武士《ぶし》の基礎教養《きそきょうよう》。つまり、武士《ぶし》なら
これだけは学んでおくべき、という学問だったのです。黄山《こうざん》の塾《じゅく》には、
四方吉《よもきち》よりも年上の弟子も多くいました。
そんな中で学び始めた四方吉《よもきち》でしたが、彼《かれ》はすぐに「知りたい」だけ
では学ぶことがむずかしいことに気がつきます。それが文字・言葉の問
題でした。
「ううむ……漢文はむずかしい。」
四方吉《よもきち》はみけんにしわを寄《よ》せつぶやきます。
漢文は中国から伝《つた》わった文章で、ひらがなやカタカナはなく、すべて
漢字のみで表したものです。
「中国の医学書や書物を読むには、漢文が読めないと始まらないぞ。」
黄山《こうざん》の塾《じゅく》の兄弟子であった三好喜右衛門《みよしきちえもん》は、しぶい顔をした四方吉《よもきち》を
笑《わら》います。その横から別《べつ》の兄弟子が、

「それだけじゃないぞ。オランダの書物から漢文に訳《やく》されたものもあるのだからな。」

と忠告《ちゅうこく》しました。

「なるほど。むずかしくとも学ばないわけにはいかないのだなぁ。」

そのころは、西洋の知識《ちしき》も、中国を通じて漢文にされた書物で日本に入ってくることが多く、漢文は専門書《せんもんしょ》を読むために大事な能力《のうりょく》だったのです。

四方吉《よもきち》は漢文のほかに、俳句《はいく》や短歌なども好《この》んで学んでいました。とくに俳句《はいく》には積極的《せっきょくてき》に取り組み、夢《ゆめ》の中でも俳句《はいく》をよんだと言われています。

しかし、残念《ざんねん》ながらこれらの文才は源内が人生の中で見せる他の能力《のうりょく》と比《くら》べて、飛《と》びぬけた才能《さいのう》は花ひらきませんでした。むしろ、未熟《みじゅく》さが目立つていどだったようです。

また、四方吉《よもきち》は陶村《すえむら》（現在《げんざい》の香川県綾川町陶《かがわけんあやがわちょうすえ》）で三好喜右衛門《みよしきえもん》から焼《や》き物についても教わりました。早くから焼《や》き物にふれた経験《けいけん》は、その後の活やくにも生かされてゆくのです。

こうして、四方吉《よもきち》は、ちゃくちゃくと知識《ちしき》を深め、まだ小さな野心の芽《め》を育てていったのでした。

二　長崎《ながさき》で海外と出会う

一七四九（寛延《かんえい》二）年、一月。源内が二十二歳《さい》のとき、父茂左衛門《もざえもん》が亡《な》くなりました。

母や妹のしめった泣《な》き声が満《み》ちる部屋の中――。

「これからは私《わたし》が、この白石家《しろいしけ》を守り、さらに多くのことを学び世に役立ててみせます。」

息を引き取った父の横で、源内は悲しみをこらえて告《つ》げました。

兄たちが早くに亡《な》くなったため、白石家《しろいしけ》の跡取《あとと》りは源内だったのです。

白石《しろいし》家の跡《あと》をついだとき、名字を白石《しろいし》から平賀に変更《へんこう》し決意も新たにした源内でしたが、現実《げんじつ》は父の跡《あと》をつぎ、高松藩《たかまつはん》の蔵番《くらばん》となりました。

「毎日蔵番勤《くらばんづと》め。もっと世の中を見て、いろいろなことを学びたい。」

そんな不満《ふまん》をかかえ働《はたら》いていた源内の才能《さいのう》に気づいたのは、第五代高《たか》松藩藩主《まつはんはんしゅ》の松平頼恭《まつだいらよりたか》でした。

頼恭《よりたか》が高松藩藩主《たかまつはんはんしゅ》になった一七三九（元文四《げんぶん》）年ごろ、高松藩《たかまつはん》は資金《しきん》不足《ぶそく》で貧乏《びんぼう》な藩《はん》になっていました。すぐに藩《はん》の立て直しをはかった頼恭《よりたか》ですが、むだづかいをおさえるという節約政策《せつやくせいさく》では、解決《かいけつ》につながりませんでした。そこで藩《はん》の資金不足《しきんぶそく》を助けるためのお金を農民《のうみん》たちに負担《ふたん》させたり、家臣《かしん》に給料《きゅうりょう》として支給《しきゅう》した米の一部を藩《はん》が借《か》り上げたりなどして、のちに高松藩《たかまつはん》の財政《ざいせい》を立て直すのです。

そんな高松藩藩主《たかまつはんはんしゅ》が平賀源内に興味《きょうみ》をもったのは、二人が似《に》ていたからでしょう。

「平賀よ、そなたの薬草に関《かん》する知識《ちしき》を生かし、藩《はん》の薬園の世話をせよ。」

頼恭《よりたか》の年齢《ねんれい》は四十歳《さい》手前。このころの頼恭《よりたか》は藩《はん》の薬園と呼《よ》ばれる、薬草を育てるための畑を「御林《おはやし》」（現在《げんざい》の高松《たかまつ》市の栗林《りつりん》公園）内に移し、管理《かんり》をさせていました。

願《ねが》ってもない申し出に、源内は「おまかせくださいませ。」と二つ返事で引き受けたのです。

頼恭《よりたか》はもともと本草学《ほんぞうがく》の分野に興味《きょうみ》をもつ人物でした。薬草の栽培《さいばい》のみならず、さとうきびにも関心《かんしん》が強く、育て方や砂糖《さとう》の作り方を熱心《ねっしん》に研究したのです。その結果《けっか》、砂糖《さとう》は高松藩《たかまつはん》の代表的《だいひょうてき》な特産物《とくさんぶつ》となります。

これらの活動は、よその土地から買っていた食物を自分たちで育てることができれば藩《はん》の資金《しきん》不足《ぶそく》にも役立つという理由からでした。けれど本当は、頼恭《よりたか》個人《こじん》としても自《みずか》ら研究したい気持ちがあったのでしょう。

頼恭《よりたか》は源内に「御薬坊主《おくすりぼうず》」という役目をあたえて、藩《はん》の薬園に関《かか》わらせました。ここで源内は、朝鮮人参《ちょうせんにんじん》の栽培方法《さいばいほうほう》について学ぶなど、研究心をつのらせてゆきます。

結果的《けっかてき》に、頼恭《よりたか》の好奇心《こうきしん》は源内の本草学《ほんぞうがく》への野心を後おしした形になります。

そんなある日、頼恭《よりたか》が言いました。

「長崎《ながさき》遊学に行って参《まい》れ。」

遊学とは、ふるさとからはなれた土地にゆき、勉強をすることです。

当時、海外の船が日本に入るのを禁止《きんし》する鎖国中《さこくちゅう》だった日本で、唯一《ゆいいつ》貿易《ぼうえき》をゆるされていたのが長崎《ながさき》の出島でした。長崎《ながさき》は戦国《せんごく》時代の終わりごろから貿易《ぼうえき》の町として栄《さか》え、幕末《ばくまつ》に鎖国《さこく》が廃止《はいし》されるまで、大事な貿《ぼう》易港《えきこう》となったのです。

長崎《ながさき》にはオランダの医学に関《かん》する本や中国から持ちこまれた植物など、めずらしいものが入ってきました。

源内はもっと自分の視野《しや》を広げたいと考えていました。願《ねが》ってもない頼恭《よりたか》の命《めい》に、問い返す源内の声にも、思わず熱《ねつ》がこもります。

「長崎《ながさき》でございますか。」

「お主《ぬし》には本草《ほんぞう》の才がある。長崎《ながさき》で海外の品や医学書などをよく見て、学んでくるのだぞ。」

頼恭《よりたか》の力強い言葉に、自信家《じしんか》である源内は、

(頼恭《よりたか》さまも私《わたし》に期待している。またとない機会《きかい》をのがすものか。)

源内は「御意《ぎょい》」と頼恭《よりたか》の命《めい》を受けたのでした。


こうして、源内は一七五二(宝暦《ほうれき》二)年、一度目の長崎《ながさき》遊学に旅立ったのです。

「なんだあの大きな船は。」

初《はじ》めて見る外国の船に、源内は思わずつぶやきをもらします。港には何隻《なんせき》かの大きな船が泊《と》まっており、船には外国の国旗《こっき》がはためいていま

した。

興奮《こうふん》した様子の源内を見て、となりに立つ男が笑《わら》います。

「あれが出島だよ、平賀どの。あそこにオランダ商館《しょうかん》がある。」

彼《かれ》は高松《たかまつ》の医師《いし》である久保桑閑《くぼそうかん》。源内の長崎《ながさき》遊学についてきましたが、弟子であった源内を長崎《ながさき》まで連《つ》れていったとも言われます。

長崎《ながさき》の出島はもともと海のあった場所を埋《う》め立てて作った土地でした。

「オランダ商館《しょうかん》……あそこに行けば、外国のものをみられるのですね、桑閑先生《そうかん》。」

「そうだとも。」

二人はすぐにオランダ商館《しょうかん》へ向かいました。

そもそも、オランダが日本と関係《かんけい》をもったきっかけは、一六〇〇（慶《けい》長《ちょう》五）年に、オランダの商船リーフデ号が、日本の豊後国《ぶんごのくに》（現在《げんざい》の大分《おおいた》県《けん》）に流れ着いたことでした。その後、一六〇九（慶長十四《けいちょう》）年にオラ

ンダから来た二隻《せき》の船が長崎《ながさき》の平戸《ひらど》に入り、徳川家康《とくがわいえやす》の通商許可《きょか》を得《え》ます。こうして、平戸《ひらど》にオランダ商館《しょうかん》が作られました。

それから三十二年後、一六四一（寛永《かんえい》十八）年に長崎《ながさき》の出島にオランダ商館《しょうかん》は移《うつ》されました。

そこで源内は見たことのないものをいろいろ目にします。

「この不思議《ふしぎ》な道具はなんだ？」

源内は金属《きんぞく》の丸く平たいものに、針《はり》が取り付《つ》けられた道具を指して首をかしげます。

それは量程器《りょうていき》と呼《よ》ばれる、歩数計でした。

「これは歩数を計るものさ。」

「機械《きかい》で歩いた量がわかるのですか。」

「そうさ。外国のものは技術《ぎじゅつ》だけでなく面白《おもしろ》い発想のものも多いだろう。」

「そのようですね……。よく見ておきましょう。」

オランダ商館《しょうかん》で目にしたものは、どれも源内をおどろかせ、関心《かんしん》させ、そしてより本草学《ほんぞうがく》や科学への探究心《たんきゅうしん》をかり立てるものばかりでした。

しかし、書物を手に取った源内の表情《ひょうじょう》はくもります。

「どうしたのだ、平賀どの。」と桑閑《そうかん》が問います。

「興味《きょうみ》深い医学書や図鑑《ずかん》もあるが、オランダの文字や漢文で書かれていて、読むのには苦労《くろう》しそうだ。」

めくったどのページにも、ならぶのは源内には読み方もわからない横書きの言葉ばかり。源内は海外の知識《ちしき》を学ぶことのむずかしさと大変《たいへん》さをさとりました。

「さよう。この言葉を訳《やく》そうという学問もあるほどですからね。」

「外国の知識《ちしき》を得《え》るのは、簡単《かんたん》なことではないのですね。」

「しかし新しいことには苦難《くなん》や失敗《しっぱい》がつきもの。まずは、それを乗りこえないと学者になれないのだよ。」

桑閑《そうかん》の言葉に源内はうなずきます。決して暗い表情《ひょうじょう》ではありませんでした。そこには研究にかける源内の熱意《ねつい》と野心がみち満《み》ちていたのです。

ひと月ほど長崎《ながさき》ですごした源内は、その帰り備後鞆《びんごとも》の浦《うら》（現在《げんざい》の広島県福山市《ふくやまし》）の鞆《とも》港に立ち寄《よ》りました。ある鍛治屋《かじや》（鍛治《かじ》は金属《きんぞく》を加工し物を作る仕事）で源内は、陶器《とうき》や磁器《じき》の原料《げんりょう》となる粘土《ねんど》が使われているのを目にします。

「この白い土はどこで採《と》れるのですか?」

「この辺りの土地から採《と》れるごくふつうの土ですよ。」

鍛治屋《かじや》の親父は源内にそう説明《せつめい》しました。しかし、これに目の色を変《か》えたのは源内です。

「いやいや、この白土は粘土《ねんど》にまちがいない。陶器《とうき》を作らないなんてもったいない。これで焼《や》き物を作れば、きっと素晴《すば》らしいものができるはずです。」

かつて三好《みよし》のもとで焼《や》き物について学んだ源内には、この土地の陶土《とうど》が良質《りょうしつ》なものであるとわかりました。

このとき源内はこんなことも言いました。

「陶器《とうき》を作るときには三宝荒神《さんぽうこうじん》をまつりなさい。」

「三宝荒神《さんぽうこうじん》とはどのようなものでしょう。」

「地神《ちじん》・荒神《こうじん》・源内神《げんないじん》さ。」

土地の神である地神《ちじん》と火の神である荒神《こうじん》といっしょに、自分を神としてまつれというのです。

胸《むね》を張《は》って答える源内に鍛冶屋《かじや》の親父もあきれましたが、その後陶土《とうど》は焼《や》き物《もの》としてではなく、建物《たてもの》の壁土《かべつち》として大変《たいへん》に売れました。そして、本当に三宝荒神《さんぽうこうじん》をまつった生祠《せいし》が作られたのです。生祠《せいし》とは生きている人をまつったほこらのことです。

薬草園での勤《つと》めや長崎《ながさき》遊学で、源内の学問・研究にかける気持ちはより高まりました。その一方で、三宝荒神《さんぽうこうじん》の話のような自信家《じしんか》な一面や調子の良《よ》さも現《あらわ》れ始めたのです。

三　讃岐《さぬき》を飛《と》び出す

長崎《ながさき》から高松藩《たかまつはん》へ帰ったあとも、源内の学問への熱意《ねつい》や出世という野望《やぼう》は少しずつ大きくなっていきました。

一七五四（宝暦《ほうれき》四）年、七月。ついに源内は高松藩《たかまつはん》へ仕事をやめるための辞職願《じしょくねが》いを出しました。そこには、本草学《ほんぞうがく》の研究に力を入れるため、江戸《えど》に出たいという源内の思いがあったのです。辞職《じしょく》の理由は病気としていましたが、それは表向きのうそでした。

晴れて辞職《じしょく》をゆるされた源内は、いとこの岡田磯五郎《おかだいそごろう》を、末《すえ》の妹里与《りよ》のむこ養子《ようし》として迎《むか》えると、磯五郎《いそごろう》に告《つ》げました。

「私《わたし》はこれから江戸《えど》に出る。藩《はん》のお役目もやめた。これからは磯五郎《いそごろう》に家の主《あるじ》として平賀家を守ってもらいたい。」

源内は家督《かとく》、つまり平賀家のあと取りの座《ざ》を磯五郎《いそごろう》にゆずると宣言《せんげん》したのです。

思いもよらぬ義兄《ぎけい》の話に言葉を失《うしな》った磯五郎《いそごろう》は、我《われ》に返るとあわてました。

「義兄上《あにうえ》、突然《とつぜん》なにをおっしゃるのです。」

うろたえる義弟《ぎてい》を前に、源内はおだやかに野心をのべました。

「今話したとおりだ。私《わたし》は江戸《えど》に出て本草学《ほんぞうがく》や医学、そのほかのことについてもさらに知識《ちしき》を深めたい。そのためにはお主《ぬし》に私《わたし》のあとをついでもらいたいのだ。」

「私《わたし》が蔵番《くらばん》をするのですか。」

ぼうぜんと問う磯五郎《いそごろう》に「そうだ。」と、源内は大きくうなずいてみせました。

家をつぐ資格《しかく》と藩《はん》からの収入《しゅうにゅう》を放棄《ほうき》して、身軽になった源内は、江戸《えど》へ向けてふるさとを飛《と》び出したのです。讃岐《さぬき》を出るまでの間に、源内は長崎《ながさき》で得《え》た知識《ちしき》を生かし、量程器《りょうていき》や、方角を調べる磁針器《じしんき》などを作ってみせました。

讃岐《さぬき》を出た源内は、俳句《はいく》を通じた友人の三千舎桃源《みちのやとうげん》と安芸文江《あきぶんこう》とともに摂津《せっつ》（現在《げんざい》の兵庫県《ひょうごけん》）の有馬温泉《ありまおんせん》ですごしました。桃源《とうげん》と文江《ぶんこう》は、源内を見送るために同行したのです。別《わか》れをおしんだ彼《かれ》らでしたが、ひと月以上《いじょう》も有馬温泉《ありまおんせん》ですごし、四月に入ってようやく源内は江戸《えど》に旅立ちました。

「長く泊《と》まってしまったが、いよいよお別《わか》れだ。」

源内はからりとした笑《え》みをうかべて二人に告《つ》げます。桃源《とうげん》と文江《ぶんこう》もさびしそうでしたが、明るく源内を送り出しました。

「お主がいないとさびしくなる。」

「達者《たっしゃ》でやれよ。」

「落ち着いたら便《たよ》りのひとつも送るさ。」

そう言ってきびすを返し、源内は歩き出しました。希望《きぼう》に満《み》ちた男の背《せ》を、桃源《とうげん》と文江《ぶんこう》は見えなくなるまで見送りました。

摂津《せっつ》を出た源内はまっすぐに江戸《えど》に向かったわけではありません。とちゅう、大坂《おおさか》にも寄《よ》り道をしました。それは、会いたい人がいたからです。

「名高き先生のもとで学べるとはこんなにうれしいことはない。」

源内の言葉はお世辞《せじ》ではなく本心でした。

彼《かれ》がたずねたのは戸田旭山《とだきょくざん》、名を斎《いつき》という医者です。さほど長くない期間でしたが、源内は修行《しゅぎょう》として彼《かれ》のもとで医学と本草学《ほんぞうがく》を学びました。旭山《きょくざん》は、源内が江戸《えど》へ出たあとも、彼《かれ》と深い関《かか》わりをもつことになります。

四 燃《も》えない布をつくる

一七五六（宝暦《ほうれき》六）年の五月、江戸《えど》に着いた源内は本草学者《ほんぞうがくしゃ》田村藍水《たむららんすい》をたずね入門します。源内が二十九歳《さい》のときのことでした。

朝鮮人参《ちょうせんにんじん》の栽培方法《さいばいほうほう》や加工方法《ほうほう》にくわしい藍水《らんすい》は、『人参耕作記《にんじんこうさくき》』や『参製秘録《さんせいびろく》』といった書物を執筆《しっぴつ》し、本草学《ほんぞうがく》の世界では第一人者として認《みと》められた存在《そんざい》でした。

藍水《らんすい》の元で本草学《ほんぞうがく》の研究を始めた源内は藍水《らんすい》の知識《ちしき》の多さに感心し、したってゆきます。

「朝鮮人参《ちょうせんにんじん》だけでなく、藍水《らんすい》先生は甘蔗《かんしゃ》（さとうきび）や砂糖《さとう》の作り方もごぞんじだ。朝鮮人参《ちょうせんにんじん》や砂糖《さとう》をだれでも作ることができるようにはならないだろうか。」

源内の相談相手は藍水《らんすい》その人でした。

当時朝鮮人参《ちょうせんにんじん》や砂糖《さとう》はとても貴重《きちょう》で、幕府《ばくふ》の薬草園でも作られてはいましたが、庶民《しょみん》の生活には手の届《とど》かないものだったのです。

藍水《らんすい》は熱心《ねっしん》な源内に心を動かされます。

「今よりも簡単《かんたん》に多く育てられるようになれば、人びとの暮《く》らしにもうるおいがうまれるだろう。」

「はい。それに、朝鮮人参《ちょうせんにんじん》のように外国から買っている食べ物や薬草を日本で育てられるようになれば、わざわざ輸入《ゆにゅう》の必要《ひつよう》がなくなります。」

源内の言葉に藍水《らんすい》はうなずきました。

「そのとおりだ。それこそがまさに本草学《ほんぞうがく》の考えでもあるのだよ。」

「藍水《らんすい》先生、ぜひ私《わたし》に薬草の栽培《さいばい》についていろいろと教えてください。」

「ああ。しっかり学びなさい。」

こうして源内は、「人参博士《にんじんはかせ》」とも呼《よ》ばれた藍水《らんすい》を追いかけ、人参《にんじん》研究にはげみます。しかし、育成《いくせい》の難《むず》しい朝鮮人参《ちょうせんにんじん》を栽培《さいばい》するには経験《けいけん》の差が大きく、方法がわかっていても上手に栽培《さいばい》するのは苦労《くろう》したのです。

それでも源内は、『物類品隲《ぶつるいひんしつ》』という書物の中で人参栽培《にんじんさいばい》についてまとめており、彼《かれ》なりの研究成果《せいか》を残《のこ》すことはできたのでした。

またある時、人参《にんじん》の薬効《やっこう》と源内にまつわるこんなできごとがありました。

江戸《えど》で起きた大火《たいか》のあと、源内は病《やまい》と飢《う》えにおかされた子どもを見かけ、持っていた朝鮮人参《ちょうせんにんじん》をあたえました。すると子どもの体温が上昇《じょうしょう》し、源内はさらに人参《にんじん》を煎《せん》じて飲ませます。すると脈《みゃく》ももどり、話せるようになったのです。通りがかったのが研究熱心《ねっしん》な源内だったからこそ助けることができたと言えるでしょう。

こうした日々の中で、精力的《せいりょくてき》に研究に取り組む源内は、着々とその道の人たちに平賀源内の名前を知らしめてゆくのです。

源内が江戸《えど》に来て五年が経《た》ったころ、鎮惣七《しずめそうしち》という男が源内のもとをたずねてきました。

このころの源内は本草学者《ほんぞうがく》として名も知られるようになっています。

「平賀源内どののお住まいはこちらでしょうか。」

背《せ》に風呂敷《ふろしき》を背負《せお》って源内をたずねた男は、伊豆《いず》からやってきたと告《つ》げました。

「それは遠いところから。それでどのようなご用で。」

「はい。平賀どのは全国からめずらしい薬草や鉱物《こうぶつ》を収集《しゅうしゅう》しているとうかがいました。どうでしょう。伊豆《いず》に探しにきませんか。平賀どのがお忙《いそが》しいようならまずは下調べとしてどなたか人を送ってください。私《わたし》が案内《あんない》いたしましょう。きっとめずらしい発見があるでしょう。」

源内はあごに手をやり考えました。

「うむ。確《たし》かに伊豆《いず》での採集《さいしゅう》はまだしていなかったな。」

「よろしければ、国にもどったあと、伊豆《いず》で採《と》れるものの一部をお送りいたしましょう。」

「おお、それは助かる。ぜひ、頼《たの》もう。」

源内から前向きな返事をもらえた惣七《そうしち》は、源内の助手とともに軽い足取りで伊豆《いず》へと帰っていきました。

その後すぐに助手から伊豆《いず》で採《と》れる薬草や鉱物《こうぶつ》などが送られてくるようになったのです。何度も送ってくるそれに目を通していた源内は、三か月ほど経《た》ったある日、送られてきたものの中に塩《しお》のような細かな結晶《けっしょう》状の粉《こな》を発見します。

「これは……もしや朴消《ぼくしょう》ではないのか!?」

朴消《ぼくしょう》とは、不純物《ふじゅんぶつ》の混《ま》ざった芒消《ぼうしょう》のことでした。芒消《ぼうしょう》（現在《げんざい》の硫酸《りゅうさん》ナトリウム）は、尿《にょう》の出を良《よ》くする効果《こうか》のある物質《ぶっしつ》として漢方などにも使われていました。

源内はすぐに藍水《らんすい》のもとへ向かいました。朴消《ぼくしょう》を見た藍水《らんすい》は興奮《こうふん》した様子で源内の肩《かた》をたたきます。その手には熱《ねつ》がこもっていました。

「まちがいないだろう。これが伊《い》豆《ず》で採《と》れたというのだな。」

「今まで中国から仕入れていた芒消《ぼうしょう》だが、国内でも原料《げんりょう》となる朴消《ぼくしょう》を採《と》れる場所はあったのですね。」

「そのようだ。すぐに幕《ばく》府《ふ》に報告《ほうこく》しよう。」

朴消《ぼくしょう》の発見はすぐさま幕《ばく》府《ふ》に伝《つた》えられました。その後の一七六一（宝《ほう》暦《れき》十一）年十二月、源内は勘定奉行《かんじょうぶぎょう》一色安芸守政沆《いっしきあきのかみまさひろ》から「伊《い》豆《ず》芒消《ぼうしょう》御《ご》用《よう》」の役をあたえられたのです。

朴消《ぼくしょう》が発見されたのは農民《のうみん》が農作業でよごれた足を洗《あら》う「洗足場《せんぞくば》」で

した。伊豆《いず》に入った源内は、すぐに朴消《ぼくしょう》から純粋《じゅんすい》な芒消《ぼうしょう》の製造《せいぞう》を始めます。伊豆《いず》の代官《だいかん》であった江川《えがわ》氏の助けもあり製造《せいぞう》に成功《せいこう》した源内は、翌《よく》一七六二（宝暦《ほうれき》十二）年には江戸《えど》にもどり、幕府《ばくふ》へ完成《かんせい》した芒消《ぼうしょう》を献上《けんじょう》したのでした。

源内は伊豆《いず》ですごしていた間、二種類《しゅるい》のこう石とコヲルドという赭黄《しゃおう》色の顔料《がんりょう》を発見しています。コヲルドはオランダから輸入《ゆにゅう》していたものですから、芒消《ぼうしょう》と同じく価値《かち》のある発見でした。

「火に燃《も》えない布《ぬの》を織《お》ることはできないだろうか。」

友人である中川淳庵《なかがわじゅんなん》に相談をもちかけられたのは、一七六四（宝暦《ほうれき》十四）年ごろのことでした。淳庵《じゅんなん》は同じ藍水《らんすい》の弟子であり、源内に相談をもちかけたのです。彼《かれ》らの師《し》である藍水《らんすい》は、それ以前《いぜん》より燃《も》えない布《ぬの》の作り方を研究していましたから、弟子である淳庵《じゅんなん》が同じ研究に取り組

＊赭黄色《しゃおうしょく》　黄色がかった褐色《かっしょく》。

むのも自然《しぜん》なことでした。

藍水《らんすい》は「石綿《いしわた》」という鉱物《こうぶつ》が火に燃《も》えない布《ぬの》を作るための材料《ざいりょう》になることに、もっと早い段階《だんかい》でたどりついていましたが、布《ぬの》を織《お》ることには成功《せいこう》していませんでした。

そんな折《おり》、源内は秩父郡中津川村《ちちぶぐんなかつがわ》の両神山《りょうかみさん》で石綿《いしわた》を発見したのです。石綿《いしわた》は現代《げんだい》ではアスベスト*という鉱物《こうぶつ》として知られています。毛の生えたような岩で繊維《せんい》が長く、糸を作り布《ぬの》を織《お》ることができました。しかし当時はまだ織《お》り出しに成功《せいこう》した人はいなかったのです。

「石綿《いしわた》を採取《さいしゅ》できる場所もわかったし、これで、中川どのの望《のぞ》む燃《も》えない布《ぬの》が織《お》れるかもしれぬぞ。」

こうして源内は淳庵《じゅんなん》からの相談をきっかけに、燃《も》えない布「火浣布《かかんぷ》」の織《お》り出し方法の研究を始めます。

武蔵国那賀郡猪俣村《むさしのくになかぐんいのまたむら》（現在《げんざい》の埼玉県児玉郡美里町《さいたまけんこだまぐんみさとまち》）の中島利兵衛宅《なかじまりへえたく》に

*アスベスト　熱《ねつ》や摩擦《まさつ》に強く、こわれにくい、繊維状《せんいじょう》の鉱物《こうぶつ》。

火浣布隔火《かかんぷかくか》　源内が製作《せいさく》にかかわり、今も残《のこ》っている貴重《きちょう》なもの。火浣布《かかんぷ》という名前には、「火であらう布」という意味がある。

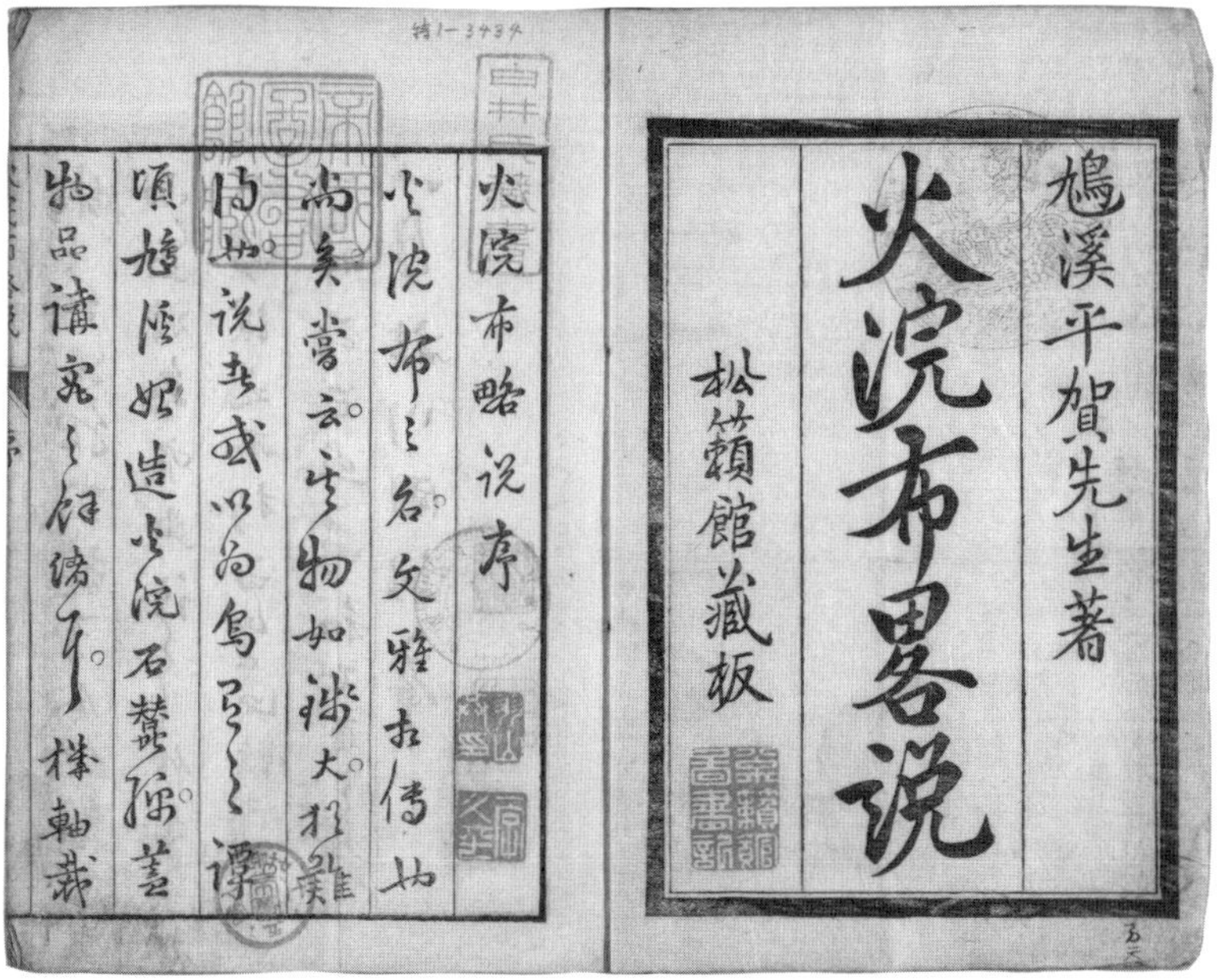

『火浣布略説《かかんぷりゃくせつ》』　火浣布《かかんぷ》を幕府《ばくふ》に献上《けんじょう》したことなどが、まとめられている。

泊《と》まっていた源内は、利兵衛《りへえ》の家族にも協力《きょうりょく》を頼《たの》み、燃《も》えない布《ぬの》の製作《せいさく》に取りかかりました。

とは言っても、師《し》である藍水《らんすい》でも苦労《くろう》していたことです。源内は藍水《らんすい》などの研究も参考《さんこう》にしながらやっとの思いで小さな布《ぬの》を織《お》り出すことに成功《せいこう》しました。これが、わずか十センチ程度《ていど》の「火浣布《かかんぷ》」なのです。

「見ていてください、利兵衛《りへえ》どの。」

源内は作った火浣布《かかんぷ》に火を付《つ》けてみせました。

しばらく燃《も》やして火を消してみると、燃《も》えたはずの火浣布《かかんぷ》にはこげ目もなく、もとのままでした。

利兵衛《りへえ》は火浣布《かかんぷ》を持ち上げてひっくり返したり太陽にかざしたりしてすみずみまで見回します。そして、なんの変化《へんか》もないことがわかると、

「すごい。本当に燃《も》えない布《ぬの》だ。」

「これをお上《かみ》に差《さ》し上げよう。もっと大きなものを作ることができれば、

きっと売れるぞ。」

　このころの江戸幕府《えどばくふ》の将軍《しょうぐん》は十代将軍《しょうぐん》の徳川家治《とくがわいえはる》です。

　源内には自信《じしん》がありました。しかし、しばらく布《ぬの》をながめたりさわったりしていた利兵衛《りへえ》はむずかしい顔をうかべます。

「しかし源内どの。これは布《ぬの》としては硬《かた》すぎる。これでは折《お》り曲げてたたむこともできませんよ。」

「ううむ……。」

　利兵衛《りへえ》の指摘《してき》はその通りでした。

　源内は火浣布《かかんぷ》を幕府《ばくふ》へおくり、自《みずか》らも宣伝《せんでん》してまわりました。けれど、結局火浣布《けっきょくかかんぷ》は製品《せいひん》として製造《せいぞう》が進められることも、「欲《ほ》しい」と求《もと》める声が広まることもありませんでした。布《ぬの》としての使い勝手が悪かったのと、石綿《いしわた》から作り出した糸は弱く、織《お》り機《き》を使うこともできないため、大きな布《ぬの》に織《お》り上げるのがむずかしかったのです。

源内が石綿《いしわた》を発見し火浣布《かかんぷ》を作ったのは二月のことでしたが、翌年《よくとし》の二月、三月にも続《つづ》けて中津川《なかつがわ》をおとずれて「寒水石《かんすいせき》」を発見しました。寒水石《かんすいせき》は現在《げんざい》でいう大理石の一種《いっしゅ》で、美しい白色や濃緑色《のうりょくしょく》、灰色《はいいろ》のしま模様《もよう》などの鉱物《こうぶつ》で、建物《たてもの》や墓石《ぼせき》などに使われます。さらに四月には中島家の人々が金・銀・銅《どう》・鉄・磁石《じしゃく》などを発見し、源内とともに金山（金の採《と》れる鉱山《こうざん》）の採掘《さいくつ》に力を入れます。

これには幕府《ばくふ》の役人が様子を見に来たりもしましたが、資金《しきん》集めの助けになるほど金を見つけることはできず、金山の採掘《さいくつ》は長くは続《つづ》きませんでした。

鉱山《こうざん》の開発や金山の採掘《さいくつ》は思うように続《つづ》かなかった源内ですが、それらの経験《けいけん》からつちかった鉱物《こうぶつ》を見る目は確《たし》かに養《やしな》われていきました。

五 博覧会《はくらんかい》が大成功《だいせいこう》

源内はどうして人びとから注目されるようになり、鉱山《こうざん》の開発や金山の採掘《さいくつ》をするほど力をもつようになったのでしょうか。

少し時間をさかのぼり、話は一七五七（宝暦《ほうれき》七）年。源内が三十歳《さい》のころにもどります。

「藍水《らんすい》先生。これらの薬種《やくしゅ》（薬の材料《ざいりょう》）や物産《ぶっさん》（各地《かくち》から採《と》れる品物）を発表する場を作ってはどうでしょう。」

源内は藍水《らんすい》の集めた薬種《やくしゅ》の整理などを手伝《てつだ》っていた手を止めて、言いました。

なにやら書き物をしていた藍水《らんすい》が顔を上げて源内を見ます。

「発表……ふむ、それはどのようにして？」

「先生が集めためずらしい薬種《やくしゅ》や物産《ぶっさん》、調べたことをまとめた書物を一つの場に集めてみんなに見ていただくのです。」

ほう……と、藍水《らんすい》は筆を置き源内に向き直り腕《うで》を組みました。

藍水《らんすい》が興味《きょうみ》をもったとわかると、源内はさらに続《つづ》けます。

「長崎《ながさき》の出島のオランダ商館《しょうかん》で、外国のめずらしい品をたくさん目《ま》の当たりにし、勉強になりました。それと同時に、日本でも見かけたことのある薬草も目にしたのです。同じように、広くは知られていない植物や、見たことはあっても薬になるとは知らない薬草などが各地《かくち》にはあるのではないでしょうか。」

「なるほど。それらを持ち寄《よ》ることで、知っていることを共有《きょうゆう》したり広めようというのだな。」

藍水《らんすい》がひざをぽんと一つ打つと、源内はにやりと笑《わら》いました。

「はい。藍水《らんすい》先生だけでなく、他の医師《いし》や本草家《ほんぞうか》たちにも声をかけて、持っているめずらしい品を送ってもらいましょう。」

藍水《らんすい》は源内の提案《ていあん》を気に入りました。

源内はすぐに会場の準備《じゅんび》や展示物《てんじぶつ》を送ってもらう手はずを整え、さらには宣伝《せんでん》活動まで行います。

そして、同年七月に日本で初《はじ》めての薬品会《やくひんえ》（物産会《ぶっさんかい》）と呼《よ》ばれる博覧会《はくらんかい》が、藍水《らんすい》によって江戸《えど》の湯島《ゆしま》（現在《げんざい》の東京都文京区）で開かれたのです。

こうして日本各地《かくち》から集められた鉱物《こうぶつ》や薬草などの品は、標本《ひょうほん》としてならべられ、本草学《ほんぞうがく》を学ぶ学者が集まりました。

「これはめずらしい鉱物《こうぶつ》だ。私《わたし》の故郷《こきょう》では見たことがない。」

「この薬草はなんというものだ？」

「何、この植物は薬になるのか。確《たし》か裏《うら》の山に生えていたぞ！」

集まった学者たちは口々に意見を交わしながら、展示物《てんじぶつ》を見て回りました。

「源内よ、すばらしい。お主のおかげで物産会《ぶっさんかい》は大成功《だいせいこう》だ。みなにとっても貴重《きちょう》な会となっただろう。」

学者たちをながめ、藍水《らんすい》は満足気《まんぞくげ》にうなずきます。

この物産会《ぶっさんかい》の成功《せいこう》に満足《まんぞく》した藍水《らんすい》は、翌年《よくとし》には二回目の物産会《ぶっさんかい》を神田《かんだ》で行いました。

そして、翌《よく》々年の一七五九（宝暦《ほうれき》九）年の三回目には、ついに源内が主催者《しゅさいしゃ》となり、湯島《ゆしま》で物産会《ぶっさんかい》を開きました。

これにも成功《せいこう》した源内はさらに約《やく》三年後の一七六二（宝暦《ほうれき》十二）年に、湯島《ゆしま》でそれまでよりも大規模《だいきぼ》な「壬午《じんご》の物産会《ぶっさんかい》」を行ったのです。

源内の開いた物産会《ぶっさんかい》に入場することができたのは、品物の出品者と招《しょう》待《たい》を受けた本草家《ほんぞうか》や医師《いし》だけでした。会場での飲食も禁止《きんし》され、かたくるしくはありましたが、とても真面目《まじめ》な会だったのです。

「大成功《だいせいこう》ではないか源内。」

藍水《らんすい》にほめられて、源内も思わず調子にのります。

「この会のために、昨年から各地《かくち》の同士にちらしを配っておいたのです。品を送るには金もかかるでしょう。そこで少しでも安くできないかと考え各地《かくち》に取次所《とりつぎしょ》を置いたのですよ。」

「考えたな。品を一か所にまとめてから一度に送れば、送る料金《りょうきん》は一回分でいいというわけか。」

「そのとおりです。」

期待《きたい》どおりの成功《せいこう》に、源内の頬《ほほ》がゆるみます。そこへ源内を呼《よ》ぶ声がかかりました。振《ふ》り向くと、中川淳庵《なかがわじゅんなん》が源内を待っています。

「それでは」と藍水《らんすい》にことわって、本草家《ほんぞうか》たちのもとへ向かう源内を藍《らん》水《すい》は見送ります。

（本草学《ほんぞうがく》者としての才も目を見張《みは》るものがあるが、物産会《ぶっさんかい》の提案《ていあん》や宣伝《せんでん》など、この若者《わかもの》の考えることは面白い。）

本草学《ほんぞうがく》の師《し》としての藍水《らんすい》も、源内の企画力《きかくりょく》や実行力、人を巻《ま》きこむ力、など源内の才能《さいのう》に期待していたのでした。

　これらの物産会《ぶっさんかい》で出品された計二千余種《しゅ》の中から、三百六十種《しゅ》が刊行《かんこう》された『物類品隲《ぶつるいひんしつ》』にまとめられました。三百六十種《しゅ》は展示物《てんじぶつ》の中でも重要《じゅうよう》なものだけが選ばれており、分類《ぶんるい》したうえでそれぞれに解説《かいせつ》が加えられています。

『物類品隲《ぶつるいひんしつ》』は本編《ほんぺん》が四巻《かん》、図絵が一巻《かん》、付録《ふろく》が一巻《かん》の全六巻《かん》からなり、源内の書いた本草学《ほんぞうがく》の本としては、最《もっと》も有名な一冊になりました。

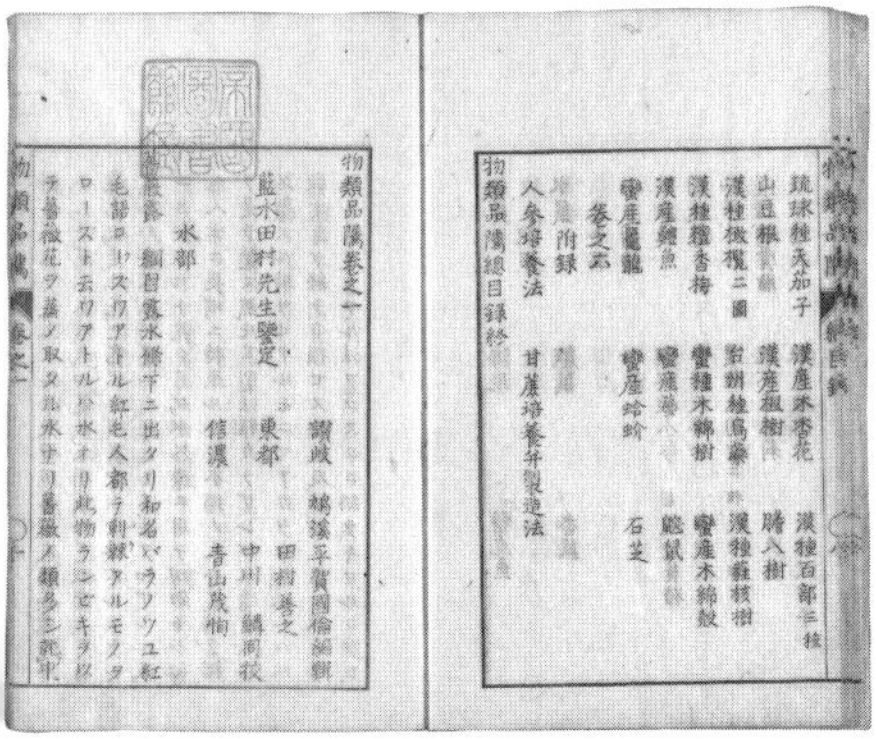

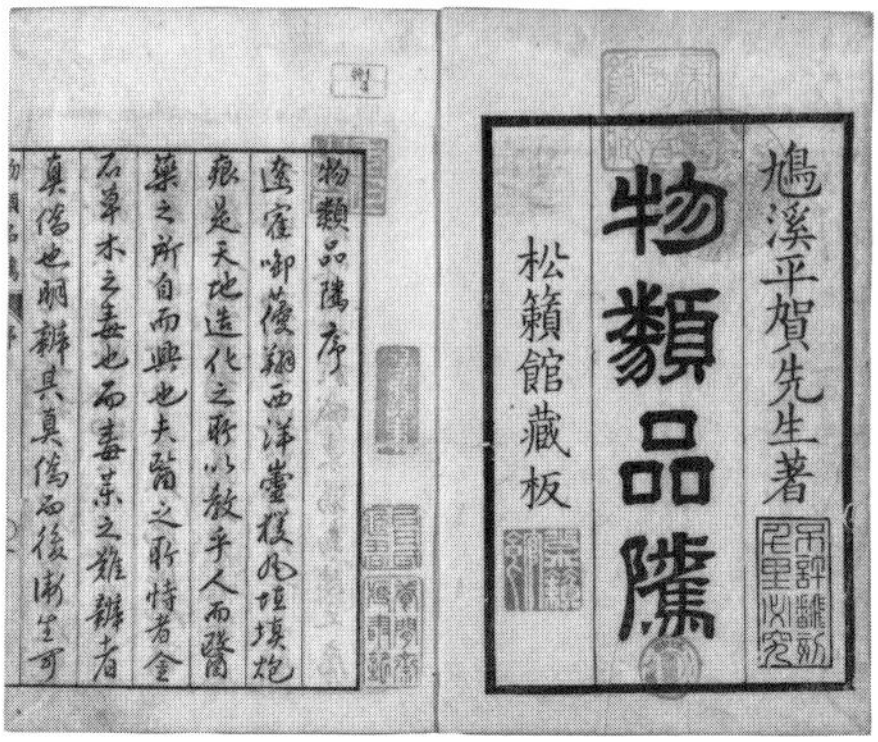

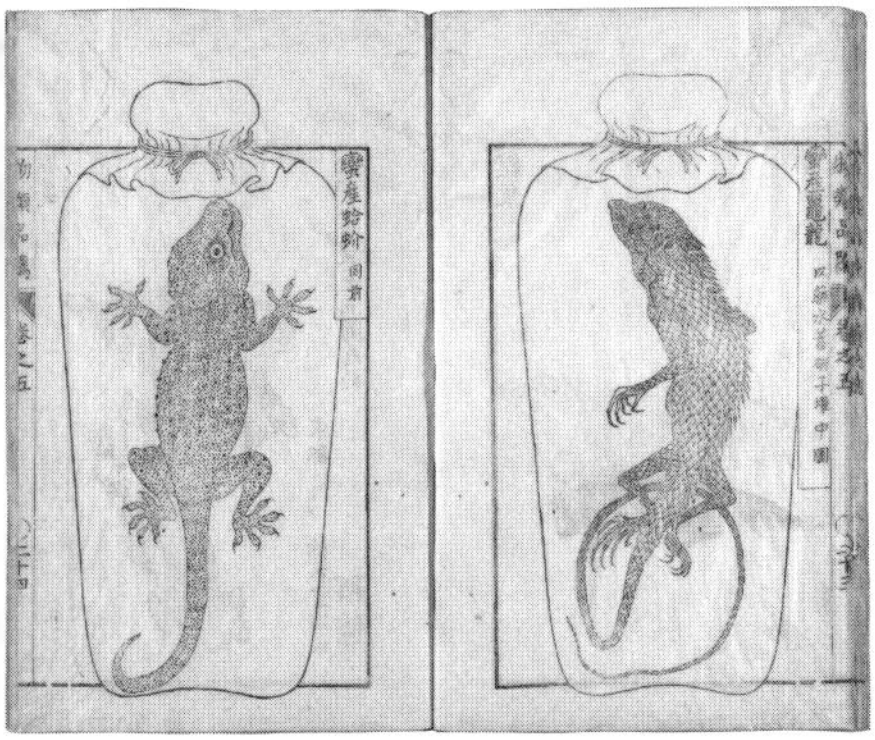

『物類品隲《ぶつるいひんしつ》』

『物類品隲《ぶつるいひんしつ》』を刊行《かんこう》した源内はすでに、伊豆《いず》で芒消《ぼうしょう》の製造《せいぞう》をはじめていました。源内は鉱物《こうぶつ》などの知識《ちしき》もあり、薬種《やくしゅ》やめずらしい石を鑑定《かんてい》するなど、採取《さいしゅ》した者と商人の仲介《ちゅうかい》をすることも行っています。

こうした江戸《えど》での源内の活躍《かつやく》は、地元の人びとにも伝《つた》わりました。

「近ごろ源内の名を聞くようになったのお。」

高松藩藩主松平頼恭《たかまつはんはんしゅまつだいらよりたか》は*脇息《きょうそく》に手をついて言いました。元から本草学《ほんぞうがく》に興味《きょうみ》のあった頼恭《よりたか》です。物産会《ぶっさんかい》を行い本草学者《ほんぞうがくしゃ》として名の知られるようになった源内の活躍《かつやく》が耳に入ってこないはずはありません。

「やはり源内を手放してしまったのはおしいことをした。源内の名も知《ち》識《しき》も、我《われ》ら高松藩《たかまつはん》には役に立つ。他から声がかかってしまう前に、もう一度源内を高松藩《たかまつはん》で仕官《しかん》させよう。」

江戸《えど》時代、藩《はん》を離《はな》れることを脱藩《だっぱん》といい、脱藩《だっぱん》した武士《ぶし》は浪人《ろうにん》となり

*脇息《きょうそく》 うでを置いてもたれかかるもの。

ます。脱藩《だっぱん》には法的《ほうてき》な手続《てつづ》きが必要《ひつよう》で、手続《てつづ》きなしに脱藩《だっぱん》することは、一方的《いっぽうてき》に主との関係《かんけい》を切ることになり、大変《たいへん》な罪《つみ》でした。もしこの罪《つみ》をおかせば、実家の財産《ざいさん》が没収《ぼっしゅう》されたり、御家断絶《おいえだんぜつ》といいその代以後《いご》、誰《だれ》かが家をつぐことができなくなってしまいます。そのため、源内は一度正式な手続《てつづ》きをとって浪人《ろうにん》の身になっていたのです。

源内が高松藩《たかまつはん》に呼《よ》びもどされたのは一七五九（宝暦《ほうれき》九）年、源内が初《はじ》めて主催者《しゅさいしゃ》となり物産会《ぶっさんかい》を開いた年でした。この年の九月三日、「修業《しゅぎょう》」という名目で三人扶持《ぶち》があたえられたのです。

このあつかいに源内は、

（すでに辞職《じしょく》しているにもかかわらず、頼恭《よりたか》さまのお供《とも》をするだけで学問をするためのお金までいただけるとは。）

と、家臣《かしん》として高松藩《たかまつはん》にもどった自覚《じかく》はありませんでした。

けれど頼恭《よりたか》はそうは考えていなかったのです。

一七六十（宝暦《ほうれき》十）年三月。

「幕命《ばくめい》により京都へ向かう。お主《ぬし》も供《とも》をせよ。」

「はっ、おおせのとおりに。」

源内は素直《すなお》に藩主《はんしゅ》の命《めい》にしたがったのです。帰りには江《え》の島《しま》、三浦岬《みうらみさき》、浦賀《うらが》、金沢付近《かなざわふきん》の海岸に立ち寄《よ》り、頼恭《よりたか》の望《のぞ》むまま貝の採取《さいしゅ》などを行いました。

讃岐《さぬき》にもどった七月、四人扶持《ぶち》銀十枚《まい》の「薬坊主格《やくぼうずかく》」に出世し、初《はじ》めて源内はおかしいことに気がつきます。

しかし、考えるひまもあたえられず六月には再《ふたた》び頼恭《よりたか》のお供《とも》を命じられます。

その命《めい》の書かれた便《たよ》りに目を通した源内の表情《ひょうじょう》はくもっていました。

「またお供《とも》か……いったい私《わたし》はいつ研究をすればいいのだ。」

そんな不満《ふまん》も飲みこんで、源内は頼恭《よりたか》の供《とも》をし、今度は紀州《きしゅう》（現在《げんざい》の和歌山《わかやま》）の海岸で貝の採取《さいしゅ》などを行っています。

八月にようやく讃岐《さぬき》にもどり、採取《さいしゅ》したものを藩主《はんしゅ》にわたした源内は、ふに落ちない思いをかかえていました。

（もしや藩《はん》にもどされたのではないと思っていたのは私《わたし》だけなのか。このままではいつまでも藩《はん》にしばられてしまう。）

源内にとってちょっとした小づかいかせぎのつもりでも、仕官《しかん》というあつかいであるなら、それは高松藩《たかまつはん》に正式にやとわれている身ということになります。

源内はようやく名も知られ、学者として人脈《じんみゃく》も増《ふ》え、調べたいこともできていたところです。

「殿《との》には申しわけないが、やめさせていただこう。」

源内は自由を求《もと》めて、再《ふたた》び藩《はん》へ辞職《じしょく》を願《ねが》い出たのでした。

一七六一（宝暦《ほうれき》十一）年二月のことでした。しかし、藩《はん》からの回答はいつまでも返ってきません。

それには、源内を手放したくないという頼恭《よりたか》の思いもあったのでしょう。

「確《たし》かに、私《わたし》の趣味《しゅみ》に付《つ》き合わせた面もあるが、藩《はん》に仕《つか》えて本草学《ほんぞうがく》にも関《かか》われるというのに何が不満《ふまん》なのだ。私《わたし》の元でも十分研究くらいできるだろう。」

源内が採取《さいしゅ》してくるもの、作る標本《ひょうほん》はどれもすばらしく、頼恭《よりたか》にとっても源内は、ほこりでした。本草学《ほんぞうがく》の分野で語り合える家臣《かしん》も、源内ほどの者はいません。

結果的《けっかてき》に高松藩《たかまつはん》にしばりつけることにはなってしまいましたが、頼恭《よりたか》なりにかわいがっていたつもりだったのです。

「源内はもっと高みを目指しているのだな。ならばこの地にしばり付《つ》けておくのもかわいそうだ……　しかし、このまま辞職《じしょく》をゆるし、他の藩《はん》にとられるのもしゃく……。」

頼恭《よりたか》はなやみぬいた末《すえ》に、ようやく結論《けつろん》を出しました。

「このまま知らん顔を決めこむつもりではあるまいな。」

返事のおそさに不満《ふまん》をいだいていた源内のもとへ、やっと便《たよ》りがきたのは半年も経《た》った九月のことでした。

辞職《じしょく》をゆるすという内容《ないよう》の便《たよ》りにほっと胸《むね》をなで下ろした源内でしたが、続《つづ》く文章に言葉を失《うしな》います。

「何、高松藩《たかまつはん》以外《いがい》への仕官《しかん》を禁止《きんし》するだと……！」

それはつまり、幕府《ばくふ》もふくめ他の藩《はん》、大名家では働《はたら》かないことが、仕事をやめる条件《じょうけん》だったのです。

「しかし、こんな田舎《いなか》にいては自分のやりたいことができない。くやしいがしたがおう……。」

ようやく、源内は高松藩《たかまつはん》から解放《かいほう》されました。藩《はん》から追放されたわけではなく、辞職後《じしょくご》、高松藩《たかまつはん》への立ち入りもゆるされているのをみると、頼恭《よりたか》も心の底《そこ》から源内をにくんでいたわけではないのでしょう。

けれど、他の藩《はん》で働《はたら》けない「仕官《しかん》お構《かま》い」という条件《じょうけん》は、その後源内の生活を苦しめるきっかけとしては十分だったのです。

このときの辞職《じしょく》は、思いもよらぬところで波風が立ちました。

「源内め、いつまで経《た》っても*大坂《おおさか》になどこないではないか！」

腹立《はらだ》たしげに机《つくえ》をたたいたのは、源内のかつての師《し》、戸田旭山《とだきょくざん》でした。

源内は二度目の辞職願《じしょくねが》いの際《さい》、理由に「大坂《おおさか》の旭山《きょくざん》のもとで修行《しゅぎょう》をするため」と書いて提出《ていしゅつ》したのです。

*大坂《おおさか》　このころは、大阪を、このように表記していた。

「このまま源内が私《わたし》のところへ来なければ、私《わたし》も源内といっしょにうそをついたと思われてしまうかもしれない。」

そんな不安《ふあん》が、旭山《きょくざん》の頭をよぎります。

怒《いか》りのような苦しみのような、複雑《ふくざつ》な表情《ひょうじょう》で、旭山《きょくざん》は一つ重いため息をつきました。

「私《わたし》の開いた物産会《ぶっさんかい》に出品もしてくれたし、弟子としての義理《ぎり》もあると思っていたがしかたがない。」

旭山《きょくざん》の瞳《ひとみ》には、ある決意が宿っていました——。

旭山《きょくざん》の怒《いか》りを知らない源内のもとに藍水《らんすい》など数人の知人から便《たよ》りが届《とど》きます。すぐに目を通した源内は、その内容《ないよう》に怒《いか》りを覚《おぼ》えました。

「旭山《きょくざん》先生が私《わたし》との師弟関係《していかんけい》を切ると言っている？　何をバカな！　私《わたし》は旭山《きょくざん》先生に教えてもらったことはあるが弟子になった覚《おぼ》えはない！」

一方的な言い分に怒《おこ》った源内は、その通りに手紙を書いて送り返しました。

しかし実際《じっさい》のところ、源内は辞職《じしょく》のゆるしを得《え》るために、もっともらしい理由が必要《ひつよう》となり旭山《きょくざん》の名前を使ったようです。

これをきっかけに、良《よ》い関係《かんけい》であったはずの源内と旭山《きょくざん》の仲《なか》は、こわれてしまったのです。

旭山《きょくざん》は源内に期待をし、好意的《こういてき》な師弟関係《していかんけい》だと信《しん》じていたからこそ、己《おのれ》を自分の都合で利用《りよう》した源内がゆるせなかったのかもしれません。

六 田沼意次《たぬまおきつぐ》との出会い

「お主《ぬし》が平賀源内か。」

落ち着いた、しかしどこか風格《ふうかく》のある声で名を呼《よ》ばれ、さすがの源内も緊張《きんちょう》を覚《おぼ》えました。

「はっ。田沼意次《たぬまおきつぐ》さまにおかれましては、お初《はつ》にお目にかかります。」

答えたあとは、じっと意次《おきつぐ》の言葉を待ちます。

場所はとある料亭《りょうてい》の一室。意次《おきつぐ》は身分をかくしお忍《しの》びでやってきたようでした。源内は、誰《だれ》に会うのかも聞かされぬまま、つかいだと名乗る者に案内されて連《つ》れてこられたのです。

「お主は本草学《ほんぞうがく》についてくわしいらしいな。湯島《ゆしま》の物産会《ぶっさんかい》はお主が提案《ていあん》

したのだとか。立派《りっぱ》な物産会《ぶっさんかい》だったそうではないか。」

「おそれ多いお言葉にございます。」

答えた源内にも、なぜ自分がここに呼《よ》ばれたのかわからなかったのです。

「まぁ、そのようにかたくなるな。私《わたし》はお主《ぬし》に期待しておるのだ。」

のちに幕府《ばくふ》で老中として政治《せいじ》を引っ張《ぱ》る田沼意次《たぬまおきつぐ》も、源内に注目した一人だったのです。彼《かれ》が老中になるのは一七七二（明和《めいわ》九）年ですから、源内が物産会《ぶっさんかい》を開いたころはまだ御側御用取次《おそばごようとりつぎ》という役についていました。御側御用取次《おそばごようとりつぎ》は将軍《しょうぐん》と老中など身分の高い家臣《かしん》との間を取り次ぐ役で、将軍《しょうぐん》と直接《ちょくせつ》言葉を交わすこともありました。

「お主《ぬし》もわかっておろう。幕府《ばくふ》は先代のころからいく度も財政難《ざいせいなん》になやまされてきた。その上、様々なものを外国からの輸入《ゆにゅう》でまかなっておるのだ。できる限《かぎ》り金銀の国外流出を食い止めたい。」

農民《のうみん》たちも厳《きび》しい暮《く》らしの中で年貢《ねんぐ》の取り立てに応《こた》えていました。幕《ばく》府《ふ》は早急な財政政策《ざいせいせいさく》をせまられていたのです。

「ほかの本草学者《ほんぞうがくしゃ》たちもお主《ぬし》に注目していると聞く。」

「私《わたし》に、どうしろとおっしゃりたいので？」

おそるおそる、源内は問いました。

「先ほども言った通り、できる限《かぎ》り輸入《ゆにゅう》を減《へ》らしたい。国内で生産《せいさん》できるものがあるのなら多いほど良《よ》い。」

つまり、自給自足《じきゅうじそく》で余計《よけい》なお金の流出を減《へ》らし、たくわえたかったのです。これまで幕府《ばくふ》はいく度となく農業での改革《かいかく》を行い失敗《しっぱい》してきました。田沼意次《たぬまおきつぐ》は、早くから商業に力を入れることで財政《ざいせい》を立て直すことを考えていたのです。

「国内で生産《せいさん》できるものが増《ふ》えれば、輸入《ゆにゅう》する必要《ひつよう》がないだけでなく、輸出《ゆしゅつ》によって入ってくる金も期待できる。」

源内の言葉に、意次《おきつぐ》は口元をゆるめました。
「お主《ぬし》の研究が、そこにつながるというのなら、多少の手助けもしよう。」
どうだとほほえむ意次《おきつぐ》に、源内はだまって頭を下げて、したがう意志を見せたのでした。

資金《しきん》作りだけでなく、源内はある期待を意次《おきつぐ》に寄《よ》せていたと思われます。それは、幕府《ばくふ》への仕官《しかん》です。

松平頼恭《まつだいらよりたか》にお供《とも》し紀州《きしゅう》（和歌山県《わかやまけん》）の海岸で貝を拾《ひろ》わされた源内は、その後紀州《きしゅう》での調査《ちょうさ》のことを『紀州物産志《きしゅうぶっさんし》』という書物にまとめています。これを紀伊徳川家《きいとくがわけ》に提出《ていしゅつ》したようです。

この行動からもわかるように、源内はことあるごとに幕府《ばくふ》に自分の成果《せいか》を献上《けんじょう》していました。

野心家の源内は、幕府《ばくふ》へ仕官《しかん》を望《のぞ》んでいたでしょう。

その期待を打ちくだいたのが、高松藩《たかまつはん》を辞職《じしょく》したときに交わされた「仕官《しかん》お構《かま》い」でした。他の大名家に仕えることはゆるさないというしばりが、幕府《ばくふ》への仕官《しかん》という希望《きぼう》を消してしまったのです。

しかし、意次《おきつぐ》との出会いは、一度消した希望《きぼう》の光をふたたびともします。高松藩《たかまつはん》からの命令をくつがえすことも、意次《おきつぐ》ほど身分の高い人ならばできるのではないかと思えたのです。

七 江戸《えど》をとりこにした人気作家

金山での採掘《さいくつ》や火浣布《かかんぷ》を作成《さくせい》したあと、源内は本草学《ほんぞうがく》の研究に行きづまっていました。幕府《ばくふ》を通し火浣布《かかんぷ》を中国の貿易商《ぼうえきしょう》に見てもらったりもしましたが、丈九尺一寸《たけしゃくすん》（約《やく》二百七十五センチ）・幅二尺四寸《はばしゃくすん》（約《やく》七十二センチ）の馬掛児羽織《まこーるはおり》がほしいと言われてしまいました。源内には、それほど大きな火浣布《かかんぷ》を作る技術《ぎじゅつ》はなかったのです。

こうして本草学《ほんぞうがく》への熱意《ねつい》をそがれた源内は、興味《きょうみ》のあった戯作《げさく》や狂文《きょうぶん》の執筆《しっぴつ》にはまっていきました。

談義本《だんぎぼん》や洒落本《しゃれぼん》、黄表紙《きびょうし》などとも言われる昔の小説《しょうせつ》は総称《そうしょう》して、戯作《げさく》と呼《よ》ばれました。また、さっぱりと洗練《せんれん》された漢詩体の詩は狂文《きょうぶん》といいます。

源内はこれらの作品を書くとき、「風来山人《ふうらいさんじん》」「天竺浪人《てんじくろうにん》」「森羅万象《しんらばんしょう》」「福内鬼外《ふくちきがい》」など、多数の名前を使っていました。

「なぁ、源内さんよぉ。何か新しい談義本《だんぎぼん》を書いてくださいよ。」

そう話しかけてきたのは、源内がふらりと立ち寄《よ》った貸本屋《かしほんや》の岡本利兵衛《おかもとりへえ》でした。貸本屋《かしほんや》はその名の通り、本を貸《か》し出すことで料金《りょうきん》をとる商売です。

「なんだい、前に書いたのじゃ物足りないのかい。」

「いやいや、『木に餅《もち》の生弁《なるべん》』。ありゃあ面白かったよ。評判《ひょうばん》になったじゃないか。おりゃあね、あんたにゃ才能《さいのう》があると思うんだよ。」

まくし立てるようにとなりでやかましくわめく利兵衛《りへえ》を源内は笑《わら》います。

源内は以前《いぜん》、『木に餅《もち》の生弁《なるべん》』という短編《たんぺん》を書いたことがあったのです。談義《だんぎ》をはさみ最後《さいご》は教訓《きょうくん》をのべる、談義本《だんぎぼん》といわれる形式の小説《しょうせつ》でした。

「いやほんとうだって。その文才を生かしてもっと長い読み物を書いておくれよ。きっと人気が出るよ。」

もともと源内は創作《そうさく》に興味《きょうみ》があるし、自信家《じしんか》でもありました。それほどもち上げられて悪い気はしません。

結局《けっきょく》源内は利兵衛《りへえ》の口車《くちぐるま》に乗って、長編小説《ちょうへんしょうせつ》『根南志具佐《ねなしぐさ》』（天竺浪人《てんじくろうにん》）を書いたのです。五巻《かん》もある大作です。

一七六三（宝暦《ほうれき》十三）年九月に書き上げ、十一月に刊行《かんこう》しました。

「こいつぁ面白い！　こりゃあれだろ歌舞伎《かぶき》役者の荻野八重桐《おぎのやえぎり》が隅田川《すみだがわ》でおぼれ死んじまったできごとの事だろ。」

「そうそう、中州《なかす》でシジミをとってたんだ。」

根南志具佐

興奮気味《こうふんぎみ》に語り合う男たちの手には、『根南志具佐《ねなしぐさ》』がありました。

「みんなが知ってるできごとを物語にしてるなんて面白いねぇ。」

「それでいて皮肉が効《き》いているよ。」

町のいたるところで、そんな会話が交わされていました。源内の新作は、利兵衛《りへえ》の期待通り大評判《だいひょうばん》だったのです。最終的《さいしゅうてき》に教訓《きょうくん》を説《と》く談義本《だんぎぼん》の型を守りつつ、独特《どくとく》なばかばかしさと社会への皮肉の効《き》いた強烈《きょうれつ》な作風が、人々の心をつかんだ理由でした。

さらに源内は同年十一月に『風流志道軒伝《ふうりゅうしどうけんでん》』（風来山人《ふうらいさんじん》）を出版しました。

こうして源内は、人気小説家《しょうせつか》として一般庶民《いっぱんしょみん》からも知られるようになるのです。

「それにしてもこの作者の文章は変《か》わっているなぁ。」

ページをめくりながら男がつぶやくように言いました。

それを聞いた別《べつ》の町人もうなずきます。

「くわしくてていねいな語り口なんだが、突然《とつぜん》古典《こてん》がかったり浄瑠璃《じょうるり》(三味線《しゃみせん》の伴奏《ばんそう》で語る人形劇《にんぎょうげき》)がかったり。」

「ああ、歌舞伎調《かぶきちょう》(古めかしく芝居《しばい》がかり、ときに荒い口調)になることもあるぞ。」

「まるで決まった形がないようだがどうにもそれが引きこまれてしまう。」

内容《ないよう》だけでなく文章でも引きこんでしまう。それが源内の小説《しょうせつ》であり、この独特《どくとく》な語り口は「平賀ぶり」などと言われるようになりました。

俳句《はいく》や和歌といった分野では飛《と》びぬけた成果《せいか》を残《のこ》せなかった源内ですが、小説《しょうせつ》や台本、広告《こうこく》といった分野では才能《さいのう》をあふれさせたのです。

「いやぁ、源内さんが台本を書いた浄瑠璃《じょうるり》、見に行きましたよ。」

店の前を通った源内を見かけた貸本屋《かしほんや》の利兵衛《りへえ》が気さくに話しかけてきました。けれど源内は複雑《ふくざつ》そうな表情《ひょうじょう》で「ああそうか」と答えただけです。

「どうしたんだい、うかない顔だなぁ。」

「まぁな」と利兵衛《りへえ》の言葉を受け流し、源内は貸本屋《かしほんや》の前を通りすぎました。

（物語を書くことは好《す》きだし、自信《じしん》もある。ほめてもらえるのももちろんうれしいが、本業の学問の方はさっぱりときてはなぁ……。）

源内は深いため息をついて、人混《ひとご》みの中を歩いていきました。その姿《すがた》を見て、彼《かれ》が今一世をふうびしている人気作家だと、誰《だれ》が気がついたでしょうか――。

源内にとって作家業は、本業が行きづまっている間の仮《かり》の仕事でしかありませんでした。にもかかわらず、その人気は本草家《ほんぞうか》としての源内以上《いじょう》の反響《はんきょう》があったのです。

これには源内も苦笑《くしょう》せざるをえなかったのでしょう。

その後源内は浄瑠璃《じょうるり》の台本三本を完成《かんせい》させるにいたります。

これは、一七七〇（明和七）年の秋ごろに幕府《ばくふ》より命ぜられた「阿蘭陀《オランダ》翻訳御用《ほんやくごよう》」のため、長崎《ながさき》に行く旅費《りょひ》を作るためだったようです。

八 秋田で絵を教える

十二歳《さい》で「御神酒天神《おみきてんじん》」の絵を描《か》いたり、自らが執筆《しっぴつ》した『物類品隲《ぶつるいひんしつ》』にさし絵を入れるなど、源内は文才だけでなく絵心もある人物でした。そんな源内ですが、宝暦《ほうれき》の終わりごろになると、漢画の南蘋派《なんぴんは》画家である楠本雪渓《くすもとせっけい》と関《かか》わりをもちます。

このころの源内は二度目の長崎《ながさき》遊学を果《は》たし、西洋画や陶器《とうき》作りに関する新たな道を見出《みいだ》していました。

「日本人は海外の皿を大量《たいりょう》に買っているのだな。けれど、あれなら国内でも作ることが出来るのではないだろうか。」

源内はそう思っていたのです。

源内は海外に輸出《ゆしゅつ》されている陶器《とうき》は国内でも高級な焼《や》き物だろうと考えていました。しかし調べてみると、肥後国《ひごのくに》（現在《げんざい》の熊本県《くまもとけん》）天草《あまくさ》の深《ふか》江村《えむら》の陶土《とうど》を使って作られた、ごくふつうの焼《や》き物であることがわかったのです。

さっそく源内は長崎《ながさき》で陶器《とうき》を焼《や》くことを考えました。その最中《さいちゅう》、この陶器《とうき》計画は資金《しきん》の準備《じゅんび》がうまくいかず、計画のままに無《な》くなってしまいます。

しかし実はこの過程《かてい》で源内が生み出した焼《や》き物があります。それが、「源内焼《や》き」と呼《よ》ばれる焼《や》き物です。長崎《ながさき》での陶器《とうき》作りの計画が消えてしまったとき、源内は地元である讃岐《さぬき》の志度《しど》に土を運び焼《や》くことも考えましたが、こちらもうまくはいきませんでした。異国色《いこくしょく》の強い技法《ぎほう》で焼《や》かれた陶器《とうき》でした。源内はこの技法《ぎほう》を地元の職人《しょくにん》に指導《しどう》します。

「この緑に黄色、紫《むらさき》などの独特《どくとく》な色味が他とはちがって面白い。」

源内から源内焼《や》きを送られた勘定奉行川井越前守久敬《かんじょうぶぎょうかわいえちぜんのかみひさたか》も、とても喜《よろこ》んだそうです。

結局《けっきょく》、地元の焼《や》き物として源内焼《や》きは生まれたものの、長崎《ながさき》での陶器《とうき》計画はうまくいきませんでした。

しかし、陶器《とうき》と同様に長崎《ながさき》で学んだ西洋画に関《かん》しては、身を入れて取り組み、その技法《ぎほう》を使い絵を描《か》くまでになったのです。

それが赤い服を着た女性《じょせい》の絵「西洋婦人図《ふじんず》」です。描《か》いた年ははっきりしませんが、一七七〇年代と言われています。西洋の絵を見て、写し描《か》いたと考えられていますが、遠近法《えんきんほう》を使っていないなど正確《せいかく》な西洋画とは言えませんでした。そのため「洋風画」などと表現《ひょうげん》されるのです。

このころ源内と交流のあった雪渓《せっけい》も、長崎《ながさき》で強く西洋画に影響《えいきょう》を受け

『西洋婦《ふ》人《じん》図《ず》』　平賀源内・画

た人物です。雪渓《せっけい》は『物類品隲《ぶつるいひんしつ》』の図絵を描《か》いたことで、源内との親交ができました。

二人の出会いと、二度目の長崎遊学《ながさきゆうがく》は源内が西洋画に興味《きょうみ》をもつ十分なきっかけだったのです。

長崎《ながさき》遊学からもどった源内は、一七七三（安永《あんえい》二）年、四十六歳《さい》のとき、鉱山師《こうざんし》の吉田理兵衛《よしだりへえ》とともに秋田藩《あきたはん》に向けて出発しました。かねてより計画されていた鉄の鉱石《こうせき》を採掘《さいくつ》する鉄山開発がはじまったためでした。

「平賀どの、吉田《よしだ》どの、お待ちしておりました。我《われ》らがお供《とも》させていただきます。」

秋田《あきた》では藩士《はんし》らが待っており、七月十二日、彼《かれ》らと共に院内銀山に入り調査《ちょうさ》を行ったのです。

それが終わると、源内と理兵衛《りへえ》は院内銀山から阿仁銅山《あにどうざん》へ向かう予定でした。

七月下旬、宿所として二人が宿泊《しゅくはく》したのは酒造業者《しゅぞうぎょうしゃ》の五井孫右衛門《まごえもん》宅《たく》であり、源内はそこである屏風《びょうぶ》を目にしました。

「なんと美しい屏風絵《びょうぶえ》だ……。」

宿所のある部屋に置かれた屏風《びょうぶ》がたまたま目に入った源内は、一瞬《いっしゅん》で心をうばわれました。

(細かいところまでたくみに描《か》かれている)

源内が感心しきりにその屏風絵《びょうぶえ》をながめていると、「どうされました?」と声がかかりました。

声の主は宿所の主人です。

「この絵を描《か》いたのは一体どなたです?」

「これは秋田藩《あきたはん》の小田野直武《おだのなおたけ》さまですよ。」

「ぜひその者に会いたい。」

源内の熱意《ねつい》のこもった瞳《ひとみ》に主人は不思議《ふしぎ》そうに首をかしげたが「そのようにお伝《つた》えいたしましょう」と約束《やくそく》をしたのでした。

それからまもなくして、小田野直武《おだのなおたけ》は源内のいる角館の宿所をおとずれました。

「小田野《おだの》どのの屛風絵《びょうぶえ》を見ました。素晴《すば》らしい絵だ。」

「いえ、私《わたし》などまだまだ未熟者《みじゅくもの》でございますよ。」

首を横にふる直武《なおたけ》に、なおも源内はうったえます。

「ぜひ、小田野《おだの》どのに私《わたし》の知る西洋画の技法《ぎほう》を教えさせてはくれないだろうか。」

「西洋画でございますか。」

なじみのない言葉に、直武《なおたけ》はおどろくよりもあっけにとられ問い返しました。

「貴殿《きでん》の絵に西洋画の技法《ぎほう》が加われば、今よりさらに良《よ》いものになるはず。その手助けをさせていただきたいのです。」

「平賀どのがそうまでおっしゃってくださるのなら。」

そうして小田野《おだの》は源内の申し出を受け入れ、西洋画の画法「陰影法《いんえいほう》」を習いました。

その技法《ぎほう》は小田野《おだの》だけにはとどまらず、彼《かれ》から秋田藩《あきたはん》の藩主《はんしゅ》やその家臣《かしん》など、多くの人に伝《つた》えられたといいます。

やがてその技法《ぎほう》は秋田《あきた》の地に広まり、「秋田蘭画《あきたらんが》」として確立《かくりつ》されることになります。

直武《なおたけ》にあたえた影響《えいきょう》は秋田蘭画《あきたらんが》を広めたことにとどまりませんでした。

同年、「産物他所取次役《さんぶつたしょとりつぎやく》」に命ぜられ十二月に江戸《えど》に来た直武《なおたけ》を、源内は杉田玄白《すぎたげんぱく》に紹介《しょうかい》したのです。

「ほう、平賀どのが絵の教えを。」

「いや、私《わたし》が教えたのは西洋画の技法《ぎほう》の一つにすぎない。小田野《おだの》どのはもとから才があるのだよ。」

源内の言葉に、直武《なおたけ》は「めっそうもありません。」と恐縮《きょうしゅく》しました。

「それで、例の『解体新書《かいたいしんしょ》』のさし絵だが、彼《かれ》にまかせてはどうだろう。」

「なるほど、それは良《よ》い案《あん》だ。ちょうど正確《せいかく》な絵を描《か》ける者が必要《ひつよう》だったのだよ。」

『解体新書《かいたいしんしょ》』はオランダ語で書かれた『ターヘル・アナトミア』という解剖学書《かいぼうがくしょ》を日本語に訳《やく》した書物の名前です。このころにはまだ完成《かんせい》しておらず、杉田玄白《すぎたげんぱく》と前野良沢《まえのりょうたく》が翻訳《ほんやく》に取り組んでいました。

直武《なおたけ》の繊細《せんさい》な絵は、玄白《げんぱく》の求《もと》めるさし絵にちょうど良《よ》かったと思われます。直武《なおたけ》は、源内の強いすすめもあり、後世に残《のこ》る歴史的《れきしてき》な書物のさし絵を描《か》くことになったのです。

九 エレキテルが大評判《だいひょうばん》

源内は、江戸《えど》にもどったあと再《ふたた》び秩父《ちちぶ》で鉱山《こうざん》開発に乗り出します。しかし、これも思うようには進まず秩父《ちちぶ》での鉱山《こうざん》開発は中止となりました。度重なる失敗《しっぱい》ですが、それだけであきらめないのが平賀源内です。

鉱山《こうざん》をめぐった源内は、今度は、同じく秩父《ちちぶ》の中津川《なかつがわ》の地で炭を焼《や》き、船で江戸《えど》へ運ぶということを考えました。けれど、結局《けっきょく》これもかかる費《ひ》用《よう》に対して、もうけが見こめず、すぐにあきらめてしまったのです。

いつでも前向きで強気な源内ですが、このときばかりは落ちこんでいたようで、「最近《さいきん》はとんとダメでふところがすっからかんさ。ここらでまた浄瑠璃《じょうるり》の台本でも書こうかねぇ。」などと、自ら貧乏《びんぼう》であることを口にしていたようです。

そんな源内が苦《くる》し紛《まぎ》れに始めたのは、作家活動ではありませんでした。

一七七六（安永《あんえい》五）年春。

「菅原櫛《すがわらぐし》をおくれよ。」

「はい、ただいまー」

ある小間物屋の前に女性《じょせい》たちがおしかけ、店は大変《たいへん》なにぎわいを見せていました。

「やぁ、源内さん。菅原櫛《すがわらぐし》だけどね、もう売り切れてしまったよ。」

源内の家へやってきた小間物屋の店主は満足《まんぞく》そうな笑顔《えがお》をうかべて源内に告《つ》げました。長屋住まいのせまい室内には、数人の男たちがおり、せっせと菅原櫛《すがわらぐし》を作っています。

菅原櫛《すがわらぐし》は源内が考えたものだったのです。

「もうかい。まさかこんなに売れるとは思っていなかったが、順調《じゅんちょう》に売れているんなら満足《まんぞく》さ。」

源内の考えた菅原櫛《すがわらぐし》は伽羅《きゃら》の木を使い、銀の枠《わく》をつけたものでした。表面には絵模様《えもよう》もきざみ、決して安くはない櫛《くし》でしたが、売り出してみたところ大変《たいへん》な評判《ひょうばん》になったのです。

「今が売りどきさ。もっともっと作らなきゃいけねぇな。」

小間物屋の主人は受け取れる分だけ受け取ると、そそくさと店にもどろうと背《せ》を向けます。

「どうも。学者に戯作《げさく》にこんな小間物まで。多才な人ってぇのはうらやましいねぇ。それじゃ。」

悪気《わるぎ》のない店主の言葉に、源内は苦い気持ちをかくせません。

「作ったものが売れてくれるのはうれしいが、やりたくて作ったわけでもなし。金を作るには、仕方がなかったんだ。」

独《ひと》りごとを言っても源内の気は紛《まぎ》れませんでした。

「本当にやりたいことはうまくいかないのに、なぜいつも〝卑《いや》しき内《ない》職《しょく》〟だけはうまくいくんだろうな。」

やりたいことは思うように進まないのに、たまたま始めたことが順調《じゅんちょう》にいくことが、源内にはどうしても納得《なっとく》がいきませんでした。

そんなふうに、くさったりもした源内でしたが、実を結《むす》んだこともありました。

四十九歳《さい》、櫛《くし》を売って資金《しきん》集めをしていた一七七六（安永《あんえい》五）年のことです。

「やった、ついに完成《かんせい》だ……」

源内が小間物を売って小づかいかせぎをしている最中《さいちゅう》、何年も前から取りかかっていた「エレキテル」という装置《そうち》が完成《かんせい》しました。

源内の代名詞《だいめいし》とも言える「エレキテル」は摩擦《まさつ》によって電気を発生させる装置《そうち》でした。発生した電気は、釘《くぎ》などの金属《きんぞく》の入った瓶《びん》にためられたあと放電されます。

「さっそくこれを発表しよう。きっとみんなおどろくだろう。」

源内は人々を集め、実験《じっけん》を行ってみせました。

「さぁ、見ていてくれ。これはいなずまを起こす箱だ。」

源内が台の上に置いたのは、長方形の箱でした。箱の上の部分から、とちゅうで二股《また》に分かれる針金《はりがね》のようなものがのびています。

「だがこわがることはない。これは外国では医療《いりょう》にも使われているものだからな。」

「また平賀源内があやしいことを始めたよ。」

そんな声もあったでしょう。しかし、不安《ふあん》と期待と好奇心《こうきしん》が混《ま》ざったような表情《ひょうじょう》をうかべた人々は、源内の言動を見のがすまいと見入って

いたのです。

「それでは始めよう。すまんがそこの旦那《だんな》、少し協力《きょうりょく》してくれるかい。」

「お、俺《おれ》かい？　危《あぶ》ないことはないんだろうな。」

いぶかしむ男を源内は一笑《いっしょう》し、「大丈夫《だいじょうぶ》だ」と答えました。

源内が実験《じっけん》を始めると、その場は急にしん……と静《しず》まり返りました。

みながぐっと口を閉じ、成《な》り行きを見守っていたのです。

最中《さいちゅう》――

ばちっ！

「やや、ぴりっとしたぞ！」

静《しず》かな室内に小さな破裂音《はれつおん》と火花が起こりました。実験《じっけん》に協力《きょうりょく》させられていた男は自分に起きたことがわからず真っ青になってあわてふためいています。

「見たか火がとんだぞ。」

「何かの破裂音《はれつおん》もしたな。」

「なんだかこわいねぇ。」

見ていた人々も仕切りに不安《ふあん》を口にし始め、その場は騒然《そうぜん》となりました。あわてることもなく源内は、落ち着いた様子でみんなに声をかけます。

「まぁまぁ、落ち着きなさい。今聞こえた音は電気が放電した音で、少しの量《りょう》だから体に害《がい》はない。ほら、お前さん何も変《か》わったことはないだろう？」

問われた男は、改《あらた》めて自分の体を見まわします。

「た、確《たし》かに……一瞬《いっしゅん》ぴりっときたが今はなんともない。」

「そうだろう。この装置《そうち》は何もこわがることはないのさ。」

源内のエレキテルはたちまち話題となり、エレキテルを見たいと源内のもとをおとずれる人々もいました。しかし、それはあくまで好奇心《こうきしん》が強く、エレキテルそのものを理解《りかい》し評価《ひょうか》していた民衆《みんしゅう》は、どれほどいたのでしょうか。

　エレキテルはもともとはオランダで発明されたもので、医療《いりょう》や見世物

につかわれていました。つまり、エレキテルにおいての源内の関《かか》わりは

発明ではなく、あくまでも修復《しゅうふく》と復元《ふくげん》だったのです。こわれたエレキテ

ルを手に入れたのは、オランダの医療機器《いりょうきき》という点からも長崎《ながさき》遊学のと

きだったのでしょう。

「これだけ話題になれば金をとって実験《じっけん》を行ってみせれば良《よ》い金集めに

なるぞ。」

　資金調達《しきんちょうたつ》のため、源内は金を取って実験《じっけん》を見せることもありました。

「それにしても平賀どのは、電気の知識《ちしき》はなかったのだろう。よく修復《しゅうふく》

することができましたね。」

　おとずれた学者に問われ、源内は一瞬《いっしゅん》言葉につまります。

実は源内一人の力で修復《しゅうふく》に成功《せいこう》したわけではなかったのです。修復《しゅうふく》にあたり、通訳者《つうやくしゃ》にオランダの書物を通訳《つうやく》してもらうなど、助けてもらっていたのですが、自信家《じしんか》の源内には見栄《みえ》っ張《ぱ》りで欲張《よくば》りな一面もありました。

「いやぁ、外国の書物を読んで勉強などもしたのですよ。」

通訳者《つうやくしゃ》の協力《きょうりょく》さえ、自分の手柄《てがら》にしてしまったのです。

このエレキテルで源内は仲間《なかま》の裏切《うらぎ》りにもあってしまいます。

助手としてエレキテルの修復《しゅうふく》を手伝《てつだ》っていた弥七《やしち》という男がいました。

「源内さんのエレキテルは大評判《だいひょうばん》だ。」

自分も関《かか》わっていただけに、弥七《やしち》の鼻も高く感じていました。そんな弥七《やしち》に悪い声がささやいたのです。

「そのエレキテルをもっとたくさん作ってよ、源内のエレキテルとして見世物にすればがっぽりかせげるのではないか。」

「何を言っている。それでは源内さんを裏切《うらぎ》ることになるではないか！」

弥七《やしち》はさそいを断《ことわ》ろうとしました。源内と共にエレキテルの修復《しゅうふく》に関《かか》わっていた弥七《やしち》には、同じようにエレキテルを作る方法は解《わか》っていましたが、源内の苦労《くろう》もよく見ていたからです。

「でも、そのかせぎはほとんど源内が独《ひと》り占《じ》めしているんだろう。少しくらいあんたに分け前があったっていいはずだ。」

そんな言葉が、弥七《やしち》の心をゆすりました。

しばらく経《た》ったころ、源内は身に覚《おぼ》えのない言いがかりを付《つ》けられます。

「私《わたし》のエレキテルがいかさまだって？　なぜそんなことを言うんだい！」

言いがかりを付《つ》けてきた町人に、源内は思わず怒鳴《どな》りました。

「だってよ、あんたが作ったたってエレキテルの見世物を見に行ったんだ。けど、火花なんて出なかったじゃないか。」

「私《わたし》のエレキテルの見世物？　なんのことだ。」

源内は、町人の話を聞いて、初《はじ》めて弥七《やしち》に裏切《うらぎ》られたことを知るのです。弥七《やしち》の複製《ふくせい》したエレキテルは完璧《かんぺき》ではありませんでした。火花は出ず、中途半端《ちゅうとはんぱ》なものを客に見せてしまったのです。

源内は怒《いか》り、弥七《やしち》をうったえ、牢獄《ろうごく》に入れてしまいます。結局《けっきょく》弥七《やしち》は牢獄《ろうごく》の中で亡《な》くなったそうです。

この当時、牢屋《ろうや》の中は不衛生《ふえいせい》な上に、怪我《けが》や病気をしても満足《まんぞく》に治療《ちりょう》をしてもらうことはできませんでした。

食べ物も粗末《そまつ》なもので栄養《えいよう》がとれるわけでもなく、一度病気にかかればそのまま病死してしまうこともめずらしくはありませんでした。

この騒動《そうどう》はもう一つ源内のエレキテルに影《かげ》を落とします。誤解《ごかい》を解《と》くため、弥七《やしち》の作ったものが偽物《にせもの》であるとみんなに説明《せつめい》した源内ですが、火花が出なかった理由をきちんと説明《せつめい》することができませんでした。実は源内自身も、ちゃんとエレキテルの仕組みを理解《りかい》できていたわけではなかったのです。

そういった意味では、聞きかじった知識《ちしき》でたまたま修復《しゅうふく》を成功《せいこう》させてしまうのですから、やはり源内には発明や研究の才能《さいのう》があったのでしょう。

けれどもその結果《けっか》、

「やっぱりなんかうさんくさいねぇ、あの源内って男は。」

「不思議《ふしぎ》な箱だとは思うが、何度も見るとそう面白いものではないな。」

町人たちの源内とエレキテルを見る目は少しずつ覚《さ》めてしまったのです。

源内のエレキテル修復《しゅうふく》に関《かん》してはわかっていないことも多いのですが、当時の人々に強い印象《いんしょう》とおどろきをあたえたできごとだったのはまちがいありません。

「エレキテル」は平賀源内の代名詞《だいめいし》として、現代《げんだい》まで残《のこ》っているのですから。

十 無念《むねん》の死

一七七九（安永八《あんえい》）年、源内はとある大名家の役人に呼《よ》び出されました。そこには、大工などの町人たちの姿《すがた》もあります。

「こたび別荘《べっそう》や泉水《せんすい》（庭の池）を工事して整えることになってな。そこでお主《ぬし》にこの見積《みつ》もりがちょうどよいものか判断《はんだん》してもらいたいのだ。」

役人の差《さ》し出した見積《みつ》もり書を受け取った源内はその場で目を通しました。

（なんだ、やけに人数も日にちもかけて無駄《むだ》に金がかかっているな）

しばし見積《みつ》もり書に目を落としていた源内は、ゆっくりとその顔を上げると言いました。

「私《わたし》ならもっと早く、費用《ひよう》もこの半分以下《いか》で工事を終わらせることができるでしょう。」

「何、まことか？」

「うそなどつくものですか。」

源内は堂々《どうどう》とした態度《たいど》で答えます。

話を聞いていた町人たちは、信《しん》じられないという目つきで源内をにらみつけました。

しかし役人たちは、源内の言葉に表情《ひょうじょう》も明るく言うのです。

「ならばぜひお主《ぬし》に工事を頼《たの》みたい。工事は早ければ早い方がいいし、その方が金もかからぬだろう。」

「おまかせくださいませ。」

こうして、大名の別荘《べっそう》の工事は源内へ依頼《いらい》されることになりました。しかし、当然《とうぜん》仕事を横取りされた町人たちがこれにだまってはいませんでした。

大人数に責《せ》められては、源内もあきらめるほかありません。

「わかりました。それでは私《わたし》と町民《ちょうみん》のみんな、いっしょに工事を行うということでどうだろうか。これならみんなにも仕事はしてもらうし、早く完成《かんせい》させたいという殿《との》の望《のぞ》みもかなうはずです。」

「うーむ。それならばよかろう。」

話し合いには役人も加わり、やがて納得《なっとく》した大工たちは帰っていきました。

十一月二十一日、間に入り源内と町人の間をとりもってくれた役人へのお礼と、町人との仲《なか》直りの意味もこめて、源内は役人二人と町人一人を自宅《じたく》に招《まね》いてうたげを開きます。これが、源内のその後を決定づけるできごとになるとは、このときは誰《だれ》も思っていなかったでしょう――。

「なぜあんたの工事はあれほど安くなるのだ。でたらめをぬかしているのではないのか！」

酒の入った町人は、からみ酒で源内を問いただします。

（仲直《なかなお》りしているのだし、下手にかくそうとすると、またいざこざがおこるかもしれぬ。）

そう考えた源内は素直《すなお》に工事の費用《ひよう》や内容《ないよう》などがくわしく書かれた見積《みつ》もり書や設計図《せっけいず》を町人に見せて自分の考えを説明《せつめい》しました。

「なるほど。あんたは思ったよりもよく考えているようだ。」

本人から説明《せつめい》を受けて納得《なっとく》した様子の町人は、改《あらた》めて源内の計画に感心し、そこからうたげはさらに深夜までつづいたのです。

——気づくと源内は寝《ね》てしまっていました。夜中に目が覚《さ》めると、部屋の中は静《しず》かです。

「なんだ寝《ね》てしまったのだな。ちと飲みすぎてしまったか……」

大きなあくびを一つして、源内が室内を見わたすと、町人が床《ゆか》に寝《ね》ており、あいた床《ゆか》には空の酒瓶《さかびん》がいくつか転がっています。役人たちは、まだ源内が眠《ねむ》ってしまう前に帰っていきました。

（はて、そういえば飲みながら見ていた設計図《せっけいず》をしまっておこう。よごしてしまっては大変《たいへん》だ。）

そう考えて室内を見て回った源内ですが、設計図《せっけいず》はどこにもありませんでした。

「どういうことだ。もしやこの者がぬすんだのか……！」

源内は荒《あら》い足取りで町人に近づくと、肩《かた》を強くゆすりました。

「おい起きろ。私《わたし》の設計図《せっけいず》をどうした！」

「んん……なんのことだ。」

まどろむ意識《いしき》の中で返事をした町人に、源内はさらにつめ寄《よ》ります。

「寝《ね》ていないで起きろ。貴様《きさま》、私《わたし》のよくできた設計図《せっけいず》をねたんでかくしたのだろう！」

一方的な言い分に、さすがの町人もだまって寝《ね》てはいられません。

「なんですと。私《わたし》は知らないと言っているじゃありませんか。」

「しらばっくれるな！」

酒が入っていたのもあったのでしょう。源内の興奮《こうふん》は冷《さ》めるどころか怒《いか》りとしてわきあがり、ついにはかたわらの刀に手をのばします。

突然《とつぜん》刀をぬいた源内に、「ひぃ、助けて」と町人は背《せ》を向け、部屋から飛《と》び出そうとしました。しかし、一歩おそく源内のなぎはらった刀は町人の脇腹《わきばら》を切りさきます。

それでも動くことはできたようで、深手を負いながらも町人は源内の

部屋をにげ出していきました。闇《やみ》の中に消える町人の影《かげ》を見つめて、源内は追うのをあきらめました。

（ふん、あの傷《きず》なら放っておいても死ぬだろう。しかし、設計図《せっけいず》を取り返せなかった……。）

部屋の中にもどった源内はどかりとすわり、血まみれの刀を床《ゆか》に投げ捨《す》てました。

「もしあの男が死んでしまえば、私《わたし》も死罪《しざい》をのがれられぬか。」

思わずやってしまったできごとでした。冷静《れいせい》になると自分がしてしまったことを少しずつ受け止めることができるようになってきます。

（いずれつかまるのなら、自らの手で命を絶《た》った方がいくぶんましだ。）

けれど、その前に片付《かたづ》けくらいしておこうと、源内は部屋や持ち物の整理を始めました。そして、手箱を開けたとき、源内の手が止まります。

「これは……ぬすまれたはずの設計図《せっけいず》ではないか！」

源内はぼうぜんと箱の中を見つめました。

誰《だれ》も、設計図《せっけいず》をぬすんではいなかったのです。源内のかんちがいでした。

「なんということだ……私《わたし》は、無実《むじつ》の人を傷《きず》つけ、もしかしたら殺《ころ》してしまったかもしれない。」

人を傷《きず》つけ罪《つみ》をおかしてしまったことへの後悔《こうかい》もありますが、ここで自分の学者人生が終わってしまうのだというくやしさも大きかったのでしょう。つかまればもう二度と研究はできないし、死刑《しけい》からのがれることができないことを、源内はわかっていたのです。五十歳《さい》をすぎているといっても、野心家の源内には、まだまだやってみたいことがたくさんあったはずです。

(つかまる前に、せめて自ら腹《はら》を切ろう。)

源内が今まさに自殺《じさつ》しようとしているときでした。遠くから荒《あら》い足音がいくつも聞こえてきたかと思うと、源内の部屋の戸が勢《いきお》いよく開けられたのです。

「源内先生、何をしているのですか！」

「おいおさえろ！」

「早まるな源内！」

源内のことを聞いてかけつけた後輩《こうはい》や、役人、学者仲間《なかま》の面々が部屋に飛《と》びこみ源内を取りおさえました。

こうして源内は自ら命を絶《た》つこともゆるされず、ついに小伝馬町《こでんまちょう》（現《げん》在《ざい》の東京都中央区）の牢獄《ろうごく》行きとなったのです。

これまでさまざまな人たちに助けられてきた源内ですが、以前《いぜん》エレキテルの修復《しゅうふく》を手伝《てつだ》ってくれた弥七《やしち》から受けた裏切《うらぎ》りは、彼《かれ》の心に傷《きず》を残《のこ》していたのかもしれません。それがきっかけで人を信用《しんよう》できなくなっていたからこそ、源内は町人の言葉を信《しん》じることができず、疑《うたが》う気持ちをおさえられなかったのではないでしょうか。

牢屋《ろうや》に入った源内は、傷口《きずぐち》から菌《きん》が入り感染《かんせん》する破傷風《はしょうふう》を引き起こしました。

暗くじめじめした牢屋《ろうや》の中に、ふーふーと源内のあらい息づかいがひびきます。口はうまく開かず、筋肉《きんにく》は固《かた》くなり思うように体が動きません。今は落ち着いていますが時折《ときおり》けいれんを起こし、その度に源内はもう死ぬのだと死への恐怖《きょうふ》におびえました。

その姿《すがた》は、彼《かれ》が思い描《えが》いていたものとはかけはなれ、受け止めがたい現実《げんじつ》です。いえ、源内を知る誰《だれ》もが、このような姿《すがた》など想像《そうぞう》もしていなかったでしょう。

(まだ、これからであった。)

まともにしゃべることもできない口で息をし、源内は心の中でつぶやきます。

（うまくいかないこともあった。だが、まだやるべき事が残《のこ》っている。見たいものがある。私《わたし》は、なぜあのとき人など切ったのだ……！）

寒い牢屋《ろうや》の中で一人きりでした。病《やまい》におかされ、話し相手もおらず、一人死を待つことは、どれほど心細くおそろしい時間だったでしょう。

（藍水《らんすい》先生や杉田玄白《すぎたげんぱく》らはすごかったなぁ。『解体新書《かいたいしんしょ》』……あんな書物を私《わたし》も残《のこ》したかった。誰《だれ》からも認《みと》められ、後に続《つづ》く者たちの道しるべになるようなものを――！）

横たわる源内のほおを、つぅと一筋《ひとすじ》の涙《なみだ》が流れ落ちていきました。

前向きで強気で見栄《みえ》っ張《ぱ》りな男です。ときに落ちこむこともありましたが、父が亡《な》くなったとき以来《いらい》の涙《なみだ》だったのかもしれません。

「ぐぅっ。」

突然《とつぜん》苦しくなり、大きく体がはね上がりました。激《はげ》しいけいれんが源内の体をおそいます。

(ああ、あっけない。もっと——もっと——!)

源内のけいれんの音を聞きつけた者がかけつけましたが、手おくれです。源内の体は糸が切れたようにぱたりと静《しず》かになりました。

一七七九(安永八《あんえい》)年、十二月十八日。

五十二歳《さい》の源内は小伝馬町《こでんまちょう》の牢獄《ろうごく》で息を引き取りました。


酔《よ》った源内が人を殺《ころ》したというのに、疑問《ぎもん》を投げかける人びともいます。源内本人が酒に弱いと言っており、本当に酒に口を付《つ》けたのかが疑《うたが》わしいのです。また、疑《うたが》われにげ出した町人以外《いがい》、その現場《げんば》を見た人が誰《だれ》もいないということもあります。

実はこの牢獄死《ろうごくし》には生存説《せいぞんせつ》も多数あります。

その中で有力と考えられているのは、田沼意次《たぬまおきつぐ》の計《はか》らいにより、表向きは死んだことにして、意次《おきつぐ》の領国《りょうこく》である遠州相良《えんしゅうさがら》（現在《げんざい》の静岡県牧《しずおかけんまき》之原市相良《のはらしさがら》）ににがしたのではないかというものです。源内はそこで村医師《いし》として八十すぎまで生きていたのではないかと言われています。

どちらにせよ、源内はこの一件《けん》で表舞台《おもてぶたい》に姿《すがた》を見せることができなくなってしまいました。これではたとえ生存《せいぞん》していたとしても、「平賀源内」が死んだことに変《か》わりないでしょう。

よく晴れた春の日、源内の墓《はか》にやってきたのは、杉田玄白《すぎたげんぱく》でした。

「やあ、源内さん。調子はどうですか。」

まるで生きている者を相手にするように、墓石《ぼせき》に話しかける玄白《げんぱく》の頭上で、答えるように鳥が鳴きました。

「突然舞台《とつぜんぶたい》から下ろされ、さぞ無念《むねん》だったでしょうね。」

源内の死は、玄白《げんぱく》自身もとてもくやしいものでした。
玄白《げんぱく》は源内の死後、彼《かれ》の墓《はか》のとなりに源内をたたえる碑石《ひせき》を建《た》てました。

「嗟《ああ》非常《ひじょう》ノ人《ひと》、非常《ひじょう》ノ事《こと》ヲ好《この》ミ、行《おこな》ヒ是《こ》レ非常《ひじょう》、何《なん》ゾ非常《ひじょう》ニ死《し》ナル」

──人とはちがい、人とはちがうものを好《この》んだあなたは、死に方まで常識《じょうしき》とちがうのですか。

玄白《げんぱく》はそう刻《きざ》んだのです。それが、玄白《げんぱく》の思う「源内らしさ」だったのかもしれません。

「あなたが亡《な》くなったあとも、時代はゆっくりと動いていますよ。」

源内が死んでからまもなくして、田沼意次《たぬまおきつぐ》の政治《せいじ》も思うようには進まなくなりました。

一七七二（明和九）年に意次《おきつぐ》は老中になり、「田沼《たぬま》時代」と呼《よ》ばれた本格的《ほんかくてき》な田沼政治《たぬませいじ》が始まります。彼《かれ》が力を入れた税制改革《ぜいせいかいかく》や通貨制度《つうかせいど》の改革など、お金に関《かん》する政策《せいさく》をいくつも進めていきました。

しかし、税制改革《ぜいせいかいかく》のひとつである株仲間《かぶなかま》に独占権《どくせんけん》をあたえるという方法が、わいろの横行《おうこう》につながってしまいます。わいろとは、自分に都合のいいよう物事をすすめてもらうために、力のある者に金や物をおくることです。結果《けっか》、意次《おきつぐ》にはわいろ政治家《せいじか》・悪徳政治家《あくとくせいじか》の印象《いんしょう》がついてしまいました。

そして、一七八六（天明六）年に、役を辞《じ》し意次《おきつぐ》の政治《せいじ》は終わります。

「源内どのも田沼《たぬま》どのも、生まれてくるのが早すぎたのですね。」

墓石《ぼせき》をみつめ、玄白《げんぱく》がつぶやきます。彼《かれ》らの考えやしようとしていることは革新的《かくしんてき》でも、まだそれを受け入れられる時代ではなかったのです。

けれど、オランダを中心とする西洋医学の発展《はってん》は、『解体新書《かいたいしんしょ》』という形で残《のこ》されているなど、様々なことが確実《かくじつ》に前進した時代であったと言えるでしょう。

「源内さん、あなたはきっと何も残《のこ》せなかったと考えているのかもしれません。けれど、あなたの存在《そんざい》は多くの人たちに素晴《すば》らしい影響《えいきょう》をあたえてくれました。」

そう思うのは、玄白《げんぱく》だけではないでしょう。

最後《さいご》に、源内は死ぬ直前、獄中《ごくちゅう》で次のような句を残《のこ》しています。

「乾坤《けんこん》の手をちぢめたる氷かな」

氷のように冷《つめ》たい牢屋《ろうや》の中での、さびしい思いをよんだ一句《く》でしょうか。そこには、かつてはつらつと前向きに生きていた平賀源内の姿《すがた》はなかったのでしょう。

しかし、玄白《げんぱく》をはじめ、彼《かれ》の早すぎる死をおしんだ者は、多かったにちがいありません――。

おわりに

榎本　秋

部屋が暗ければ電気を点け、体の調子が悪ければ病院に行き、調べ物をしたければ博物館《はくぶつかん》や図書館に行けばいい。それが当たり前の現代人《げんだいじん》である私たちは、どれほど恵《めぐ》まれているのでしょうか。

そして、そんな時代のきっかけを作った、歴史《れきし》に名を残《のこ》す科学者や発明家、研究者たちは、どれほどすばらしい人たちだったのでしょう。

今私たちがふつうだと思っていることも、三百年前の日本では手探《てさぐ》りで、質問《しつもん》をしても必《かなら》ず答えが返ってくることばかりではなかったのです。

本書に登場した、本草学者《ほんぞうがくしゃ》や蘭学者《らんがくしゃ》や科学者たちが生きた江戸《えど》時代中期は、科学や医学などの研究をする人たちを、変《か》わり者だと思う人も少なくない時代です。そんな時代に、何度も失敗《しっぱい》し、苦しみ悩《なや》みながら、少しずつ答えを見つけ発展《はってん》させてきた人々は、すてきではないでしょうか。辞書《じしょ》もない時代、見知らぬ言語を学び、翻訳《ほんやく》した人々がいます。山に登り、新しい鉱物《こうぶつ》を発見し使い道を探《さぐ》った人々がいます。外国の食物を自国で栽培《さいばい》できるよう研究した人々がいます。

彼《かれ》らがいたからこそ、私《わたし》たちは便利《べんり》な時代を生きているのです。

平賀源内は、喜《よろこ》んで変わり者たちの中に飛《と》びこんでいった一人ですが、おどろくべきは彼《かれ》の手がけた分野と才能《さいのう》の多彩《たさい》さです。薬種《やくしゅ》や鉱物《こうぶつ》、科学といった研究から、絵画や小説《しょうせつ》、台本だけでなくプロデューサーとしても活躍《かつやく》した、まさにマルチクリエイター！

これほど活躍《かつやく》の幅《はば》が広いにもかかわらず、彼《かれ》を主人公にあつかったドラマなどの作品を、ほとんど見たことがありません。奇抜《きばつ》さはまちがいなく子どものころから持ち合わせているもので、自信《じしん》に満《み》ちてまっすぐにつき進んでいく言動力の高さには、見習いたいと思う面もあります。

それでも彼《かれ》の存在《そんざい》があまり目立たないのは、同時期に活躍《かつやく》した杉田玄《すぎたげん》白《ぱく》や田沼意次《たぬまおきつぐ》といった偉人《いじん》が多いからでしょう。杉田玄白《すぎたげんぱく》の『解体新書《かいたいしんしょ》』のように誰《だれ》でも知っている著書《ちょしょ》はありません
し、「田沼《たぬま》時代」と言われるように、政治《せいじ》に大きく関《かか》わったというわけでもありません。代名詞になるほど有名な「エレキテル」も、源内は発明者ではなかったのです。しかし、学者たちの発展を助けた物産学を提案したのは源内ですし、芒消などの作り方を見つけたのも彼でした。

そういう意味で、源内は影《かげ》のヒーローだったのではないでしょうか。そして、表《おもて》のヒーローたちの中に、彼《かれ》の存在《そんざい》は、きちんと刻《きざ》まれているのです。

平賀源内という人物から、ひた向きなポジティブさと自信《じしん》、そして自分を信《しん》じる力の大切さを学ぶことができます。みなさんにも、源内の生き方を通じて得《え》るものがあったならうれしいです。

資《し》料《りょう》

平賀《ひらが》源内《げんない》

源内をとりまく人びと

源内の人生に影響《えいきょう》をあたえた人や、同じ時代を生きた人を紹介《しょうかい》します。

松平頼恭《まつだいらよりたか》

一七一一年～一七七一年

高松藩《たかまつはん》五代藩主《はんしゅ》。当時の高松藩《たかまつはん》は水不足と火災、凶作《きょうさく》が続《つづ》き疲弊《ひへい》していた。頼恭《よりたか》は藩《はん》の収入を上げるため、源内に薬草の栽培《さいばい》を行わせた。また、当時は高価な貴重品《きちょうひん》であった砂糖栽培《さとうさいばい》の研究も行っている。頼恭《よりたか》は博物好《はくぶつごの》みで、源内を召《め》しかかえ、調査研究をさせた。また、頼恭《よりたか》の命令で、タイやヒラメ、ハリセンボンなどの海の生き物が、精緻《せいち》な表現《ひょうげん》と、美しさをあわせもって描《えが》かれている『衆鱗図《しゅうりんず》』などの博物図譜《はくぶつずふ》も作られた。

源内が田沼意次《たぬまおきつぐ》に召《め》し出されると知った頼恭《よりたか》は、激怒《げきど》し、今後、源内を雇《やと》うことは絶対《ぜったい》にみとめないという内容《ないよう》の回状を全大名に回したといわれる。

田沼意次《たぬまおきつぐ》

一七一九年～一七八八年

江戸《えど》時代の幕臣《ばくしん》。九代将軍家重《しょうぐんいえしげ》の小姓《こしょう》から大名、十代家治御用人《いえはるごようにん》、老中へと幕臣《ばくしん》の栄達《えいたつ》の道をのぼりつめ、後世から「田沼《たぬま》時代」とよばれた。

田沼《たぬま》は、お金の流通量《りゅうつうりょう》をコントロールすることで景気《けいき》を刺激《しげき》し、経済《けいざい》を活発にして税《ぜい》を増《ふ》やそうとしたと言われ、「近代日本の先駆者《せんくしゃ》」と評価《ひょうか》されることもある。

田沼《たぬま》時代の雰囲気《ふんいき》にあった行動と才能《さいのう》を源内は持ち合わせていたからか、田沼《たぬま》と源内は、伊豆《いず》の芒消《ぼうしょう》、秩父中津川鉄山《ちちぶなかつがわてつざん》、二度目の長崎《ながさき》行き、秋田《あきた》の鉱山指《こうざんし》導《どう》などの場面で関係《かんけい》があったという。

千賀道隆《せんがどうりゅう》

一七二二年～一七九五年

医師《いし》。田沼意次《たぬまおきつぐ》に重用され、浜町に二千坪《つぼ》の豪邸《ごうてい》をかまえていた。

道隆《どうりゅう》は鉱山経営《こうざんけいえい》にも興味《きょうみ》をもっており、源内や吉田利兵衛《よしだりへえ》と意気投合し、意次《おきつぐ》と源内をつなぐパイプ役を担《にな》った。

また、源内の居宅《きょたく》を用意するなど、経済的《けいざいてき》にも源内を助けていた。

源内が獄死《ごくし》したときも、道隆《どうりゅう》が亡骸《なきがら》を引きとって、千賀家《せんがけ》の菩提寺《ぼだいじ》で、当時は東京都板橋区橋場《いたばしくはしば》にあった総泉寺《そうせんじ》に葬《ほうむ》ることができたのも、道隆《どうりゅう》と意次《おきつぐ》の特別な関係《かんけい》からという。なお、総泉寺《そうせんじ》が移転《いてん》したあとも、源内のお墓《はか》はその場所にあり、国指定史跡《くにしていしせき》に指定《してい》されている。

杉田玄白《すぎたげんぱく》

一七三三年～一八一七年

医者。医者の家系《かけい》に生まれ、若《わか》いころよりオランダの医書や、西洋の学問に関心をもつ。

ドイツ人医師がオランダ語で出した『ターヘル・アナトミア』の、翻訳書《ほんやくしょ》である『解体新書《かいたいしんしょ》』を刊行《かんこう》する。それにより、医学が発展《はってん》したことはもちろん、オランダ語の理解《りかい》が進み、鎖国《さこく》をしていた日本において、西洋の文物を理解《りかい》する下地にもなった。

また、外科医として名声を得《え》たほか、医学塾《じゅく》を開き、大槻玄沢《おおつきげんたく》ら後継者《こうけいしゃ》の養成《ようせい》にもつとめた。

源内の最大《さいだい》の理解者《りかいしゃ》であり、源内を賞賛《しょうさん》する友人として、才能《さいのう》を高く評価《ひょうか》し続《つづ》けた。源内の墓碑《ぼひ》にきざんだ追悼文《ついとうぶん》は名文として有名。

晩年《ばんねん》もおとろえない源内の学問への探究心《たんきゅうしん》には、玄白《げんぱく》の『解体新書《かいたいしんしょ》』の名声にならびたい気持ちもあったにちがいない。

小田野直武《おだのなおたけ》

一七四九年〜一七八〇年

画家。幼少《ようしょう》より絵を好《この》み、狩野派《かのうは》を学ぶ。絵の才能《さいのう》がみとめられて、秋田藩主《あきたはんしゅ》佐竹義敦《さたけよしあつ》らに引き立てられた。

代表作に、「東叡山不忍池図《とうえいざんしのばずのいけず》」（重要文化財《じゅうようぶんかざい》　秋田県立近代美術館蔵《びじゅつかんぞう》）、「唐太宗花鳥図《とうたいそうかちょうず》」（国宝・重要《じゅうよう》文化財《ぶんかざい》　秋田県立近代美術館蔵《びじゅつかんぞう》）などがある。

直武《なおたけ》は、源内のもとで洋画風の理論《りろん》・技法《ぎほう》を学び、秋田蘭画《あきたらんが》と呼《よ》ばれる洋風画の一派をつくり、その担《にな》い手となった。また、源内の推薦《すいせん》により、『解体新書《かいたいしんしょ》』のさし絵を担当《たんとう》したといわれる。

実はすでに『解体新書《かいたいしんしょ》』の予告編《よこくへん》である『解体約図《かいたいやくず》』が発行されており、その図は熊谷儀克《くまがいよしかつ》が描《か》いていた。図を比《くら》べると、やはり直武《なおたけ》による図の方が、陰影表現《いんえいひょうげん》の点で優《すぐ》れていると評《ひょう》される。

田沼藍水《たぬまらんすい》

一七一八年〜一七七六年

学者。江戸での源内の師《し》である。朝鮮人参《ちょうせんにんじん》の国産化《こくさんか》に成功《せいこう》したほか、日本全国をめぐって産物《さんぶつ》について調査《ちょうさ》を行い、本草学発展《ほんぞうがくはってん》の基礎《きそ》を築《きず》いた。

それらの功績《こうせき》が評価《ひょうか》されて、一介《いっかい》の町医者から、幕府《ばくふ》医官に任《にん》じられた。

甘藷《かんしょ》（サツマイモ）や木綿の研究にもつとめ、『人参譜《にんじんふ》』『人参耕作記《にんじんこうさくき》』『中山伝信録物産考《ちゅうざんでんしんろくぶっさんこう》』『琉球物産誌《りゅうきゅうぶっさんし》』など多くの著作《ちょさく》を残《のこ》している。

源内のすすめで、国内初《はつ》の薬品会《やくひんえ》を湯島《ゆしま》で開催《かいさい》した。当時は交通が不自由であったため、各地の薬産物《やくさんぶつ》を一度に見ることができるこの博覧会《はくらんかい》は、大きな評判《ひょうばん》となった。

三好喜右衛門《みよしきえもん》

一七二四年～一八〇五年

医者。高松藩藩医《たかまつはんはんい》。良質《りょうしつ》な陶土《とうど》を産出《さんしゅつ》する阿野郡陶村《あやぐんすえむら》（現在《げんざい》の香川県綾歌郡綾川町陶《かがわけんあやうたぐんあやかわちょうすえ》）の人。

喜右衛門《きえもん》は源内の親戚筋《しんせきすじ》にあたり、本草学《ほんぞうがく》を源内に教えた。

福岡官兵衛《ふくおかかんべえ》とも名のり、鉱物学者《こうぶつがくしゃ》で奇石収集家《きせきしゅうしゅうか》の木内石亭《きうちせきてい》とも交流していた。

医者の久保桑閑《くぼそうかん》と同じように、旭山《きょくざん》の薬物会《やくひんえ》に出品する。また、東都薬品会《やくひんえ》では諸国産物取次所《しょこくさんぶつとりつぎしょ》の一つを担った。

源内は、久保桑閑《くぼそうかん》が長崎で遊学すると聞き、喜右衛門《きえもん》にたのみ、久保《くぼ》の長崎遊学の同行の許可《きょか》をもらった。その結果《けっか》、一年間、長崎で本草学《ほんぞうがく》や蘭学《らんがく》、医学、油絵などを学ぶことができた。

青木昆陽《あおきこんよう》

一六九八年～一七六九年

儒学者《じゅがくしゃ》・蘭学者《らんがくしゃ》。名は敦書《あつのり》。昆陽《こんよう》は通称《つうしょう》で、文蔵とも。

西日本で出来ていたサツマイモ（甘藷《かんしょ》）の栽培《さいばい》を、関東でも成功《せいこう》させた。干ばつに強く育てやすいサツマイモが、「天明の大飢饉《だいききん》」のときに非常《ひじょう》に役にたったことから、人びとに感謝《かんしゃ》され、「甘藷《かんしょ》先生」・「いも代官」と呼ばれて親しまれた。著書《ちょしょ》『蕃藷考《ばんしょこう》』を将軍徳川吉宗《しょうぐんとくがわよしむね》に献上している。

また、吉宗《よしむね》の命によって、オランダ語の習得《しゅうとく》につとめ、日本で最初《さいしょ》のオランダ語学習書『和蘭話訳』などの著書《ちょしょ》がある。弟子には、『解体新書《かいたいしんしょ》』で知られる前野良沢《まえのりょうたく》がいる。

源内は、昆陽《こんよう》の推薦《すいせん》や仲介《ちゅうかい》によって、伊豆芒消御用《いずぼうしょうごよう》の役割《やくわり》をあたえられたり、江戸参府《えどさんぷ》で滞在《たいざい》中のオランダ人に、燃《も》えない布である「火浣布《かかんぷ》」を披露《ひろう》したりすることができた。

地図

源内とゆかりのある場所

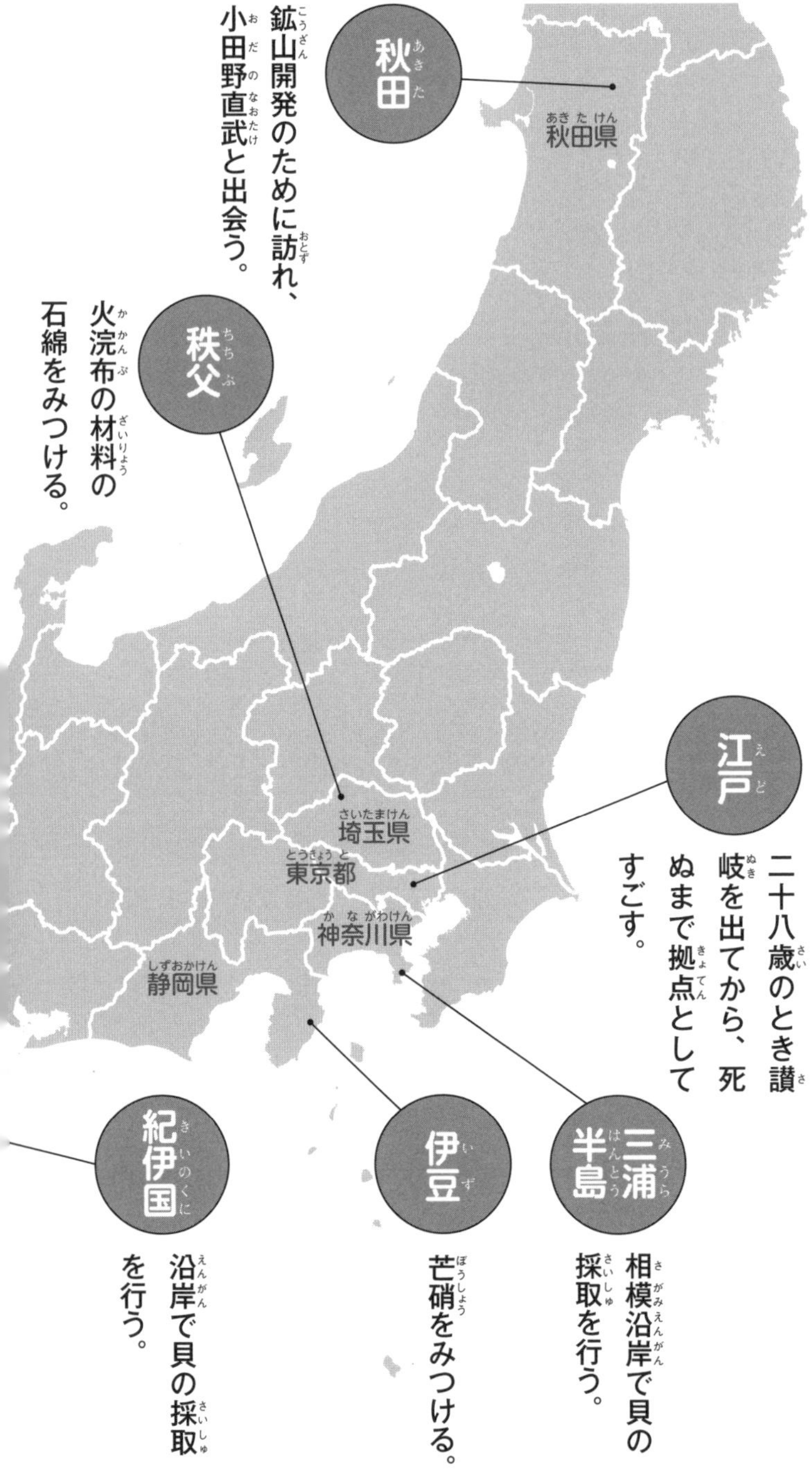

源内が生まれたのは、どこでしょう？火浣布《かかんぷ》の材料《ざいりょう》を見つけたのはどこでしょう？その場所や、源内が訪《おとず》れた場所などを、現在《げんざい》の県境《けんざかい》をめやすにして見てみましょう。

京都《きょうと》

讃岐藩主《さぬきはんしゅ》のともで行く。

有馬《ありま》

讃岐《さぬき》から江戸《えど》に向かうとちゅうに立ち寄《よ》る。

鞆ノ津《とものつ》

源内焼《や》きの陶土《とうど》を見つける。

長崎《ながさき》

二度の遊学で、海外の技術《ぎじゅつ》や知識《ちしき》を学ぶ。

讃岐《さぬき》

源内の生まれ故郷《こきょう》。

源内をもっと知ろう

代名詞《だいめいし》エレキテル

源内の名前を聞いたとき、多くの人が思いうかべるのがエレキテルでしょう。

▲エレキテル（復元《ふくげん》）

このエレキテルは、中にガラスびんが入っていて、それを回して金箔《きんぱく》とこすりあわせて静電気《せいでんき》を発生させる仕組みになっています。（郵政博物館収蔵）

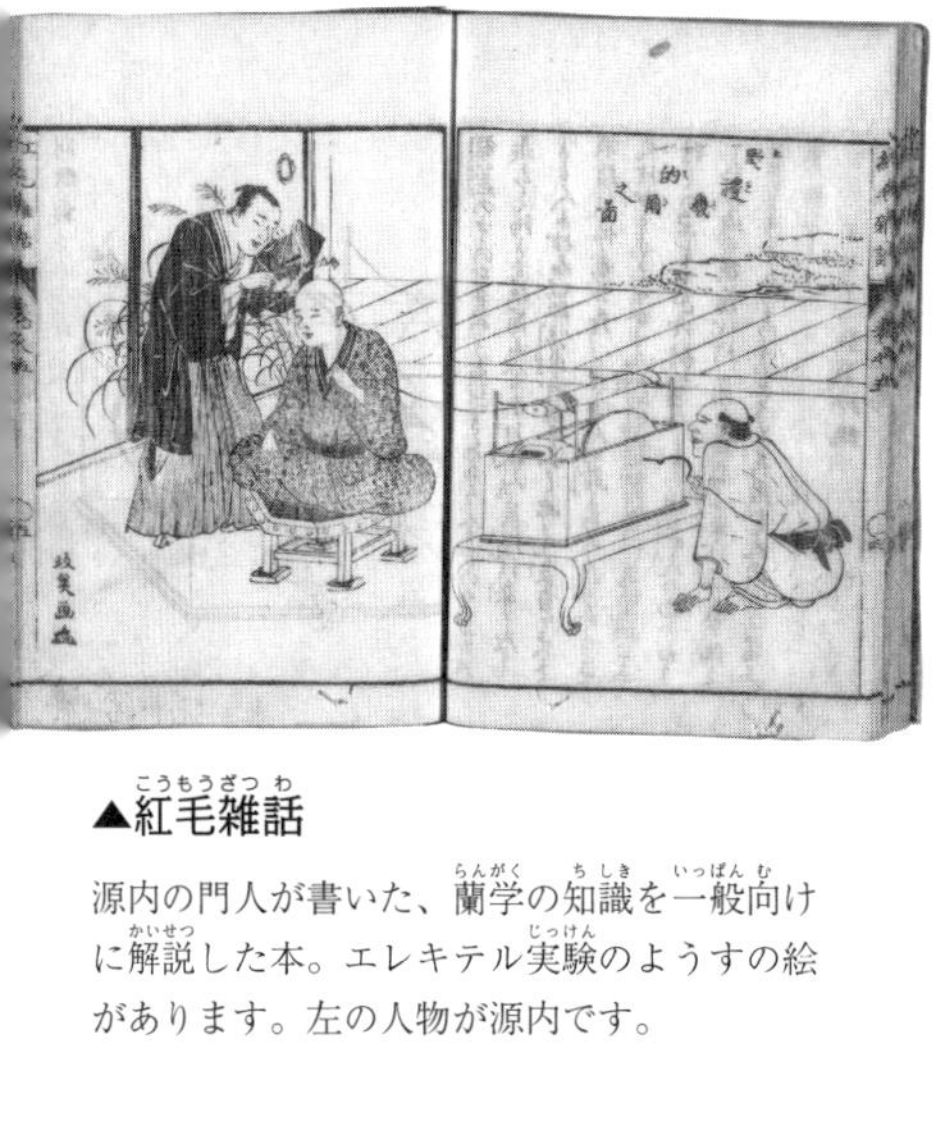

▲紅毛雑話《こうもうざつわ》

源内の門人が書いた、蘭学《らんがく》の知識《ちしき》を一般向《いっぱんむ》けに解説《かいせつ》した本。エレキテル実験《じっけん》のようすの絵があります。左の人物が源内です。

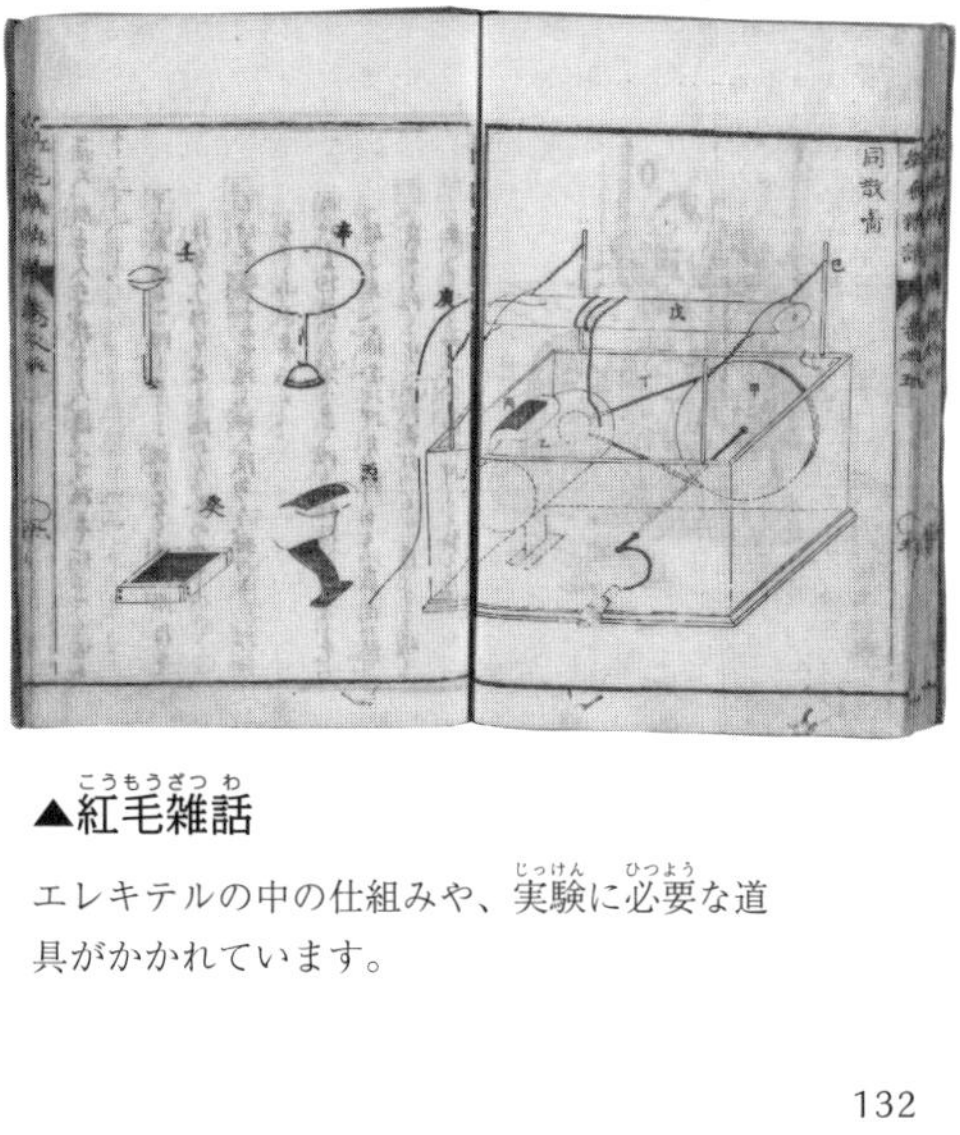

▲紅毛雑話《こうもうざつわ》

エレキテルの中の仕組みや、実験《じっけん》に必要《ひつよう》な道具がかかれています。

発明家・源内

エレキテル以外《いがい》にも、源内の工夫やアイデアでつくられた品がたくさんあります。

▲量程器《りょうていき》（表）

▲量程器《りょうていき》（裏《うら》）

はじめの長崎《ながさき》遊学から帰ってきてから、源内がつくった一種の万歩計《まんぽけい》。腰《こし》に下げて歩くと、中の振《ふ》り子《こ》がゆれて、歩いた距離《きょり》がはかれるようになっています。（源内記念館所蔵）

▲のぞき眼鏡《めがね》

正面のレンズをのぞくと、遠近法をつかって描《か》かれた絵が立体的《りったいてき》に見えるしかけになっている。源内の製作《せいさく》と伝《つた》えられているもの。

（公益財団法人 平木浮世絵財団所蔵）

▲源内焼《や》き　南北アメリカ図皿

地図を皿の図柄《ずがら》につかったのも、源内が最初《さいしょ》といわれています。(神戸市立博物館所蔵)

▲源内櫛《ぐし》

銀覆輪《ぎんぷくりん》といって、銀または銀色の金属《きんぞく》でふちをかこんだ櫛《くし》です。（櫛かんざし美術館所蔵）

作家・源内

源内は、現代《げんだい》では発明家という肩書《かたが》きが、いちばん知られているでしょう。

けれど、彼《かれ》が生きていた江戸《えど》時代の人びとの間では、作家としての源内が、もっとも親しまれていたかもしれません。とはいえ、そのときの名前は、「平賀源内」ではなく、「風来山人《ふうらいさんじん》」「天竺浪人《てんじくろうにん》」「福内鬼外《ふくちきがい》」。ペンネームをつかっていました。

▲渡《わた》し守頓兵衛《もりとんべえ》

源内が福内鬼外《ふくちきがい》の名前で書いた『神霊矢口渡《しんれいやぐちのわたし》』は、悲恋物語《ひれんものがたり》で、今でも歌舞伎《かぶき》や浄瑠璃《じょうるり》で上演《じょうえん》されています。これは、極悪非道《ごくあくひどう》の船頭《せんどう》、頓兵衛《とんべえ》を演《えん》じた市川海老蔵《いちかわえびぞう》（当時）を描《か》いた浮世絵《うきよえ》です。

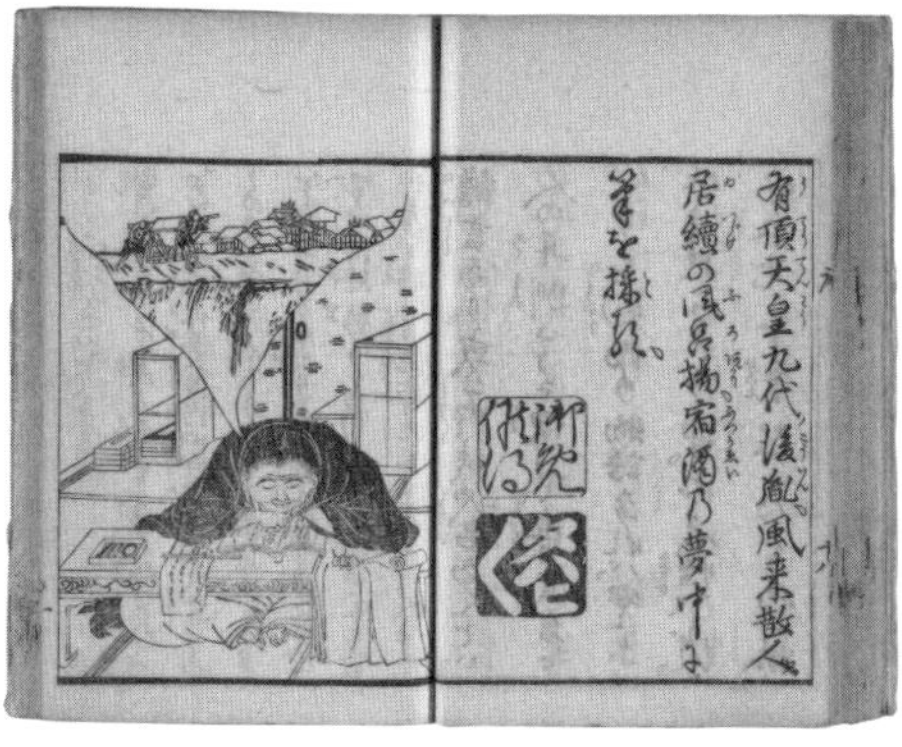

▲風来六々部集《ふうらいろくろくぶしゅう》

ユーモラスで諷刺《ふうし》と批評性《ひひょうせい》にみちた文集。

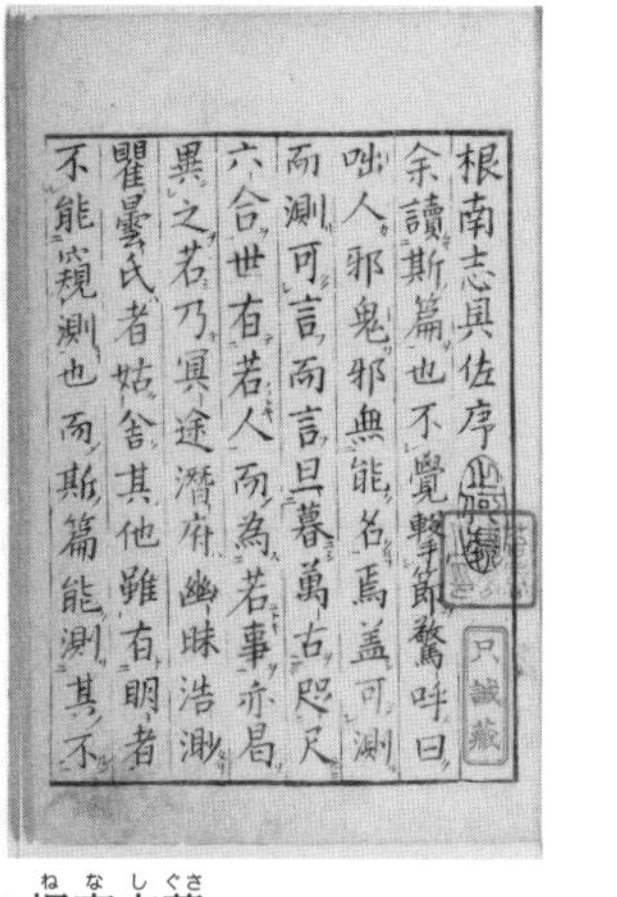

根南志具佐序
余讀斯篇也不覺撃節驚呼曰
咄人邪鬼邪無能名焉蓋可測
而測可言而言旦暮萬古咫尺
六合世有若人而爲若事亦曷
異之若乃冥途潛府幽昧浩渺
瞿曇氏者姑舍其他雖有明者
不能窺測也而斯篇能測其不

▲根南志草《ねなしぐさ》

源内が最初《さいしょ》に出した戯作本《ぎさくほん》。ここでは天竺浪人《てんじくろうにん》の名前をつかっています。

プロデューサー・源内

友人の杉田《すぎた》玄白《げんぱく》たちが、医学書『解体新書《かいたいしんしょ》』を出すときに、さし絵の画家として小野田直武《おのだなおたけ》を紹介《しょうかい》しています。源内の秋田訪問《ほうもん》時に洋風画の指導《しどう》を受けた直武《なおたけ》は、その後、江戸《えど》に出てきていました。

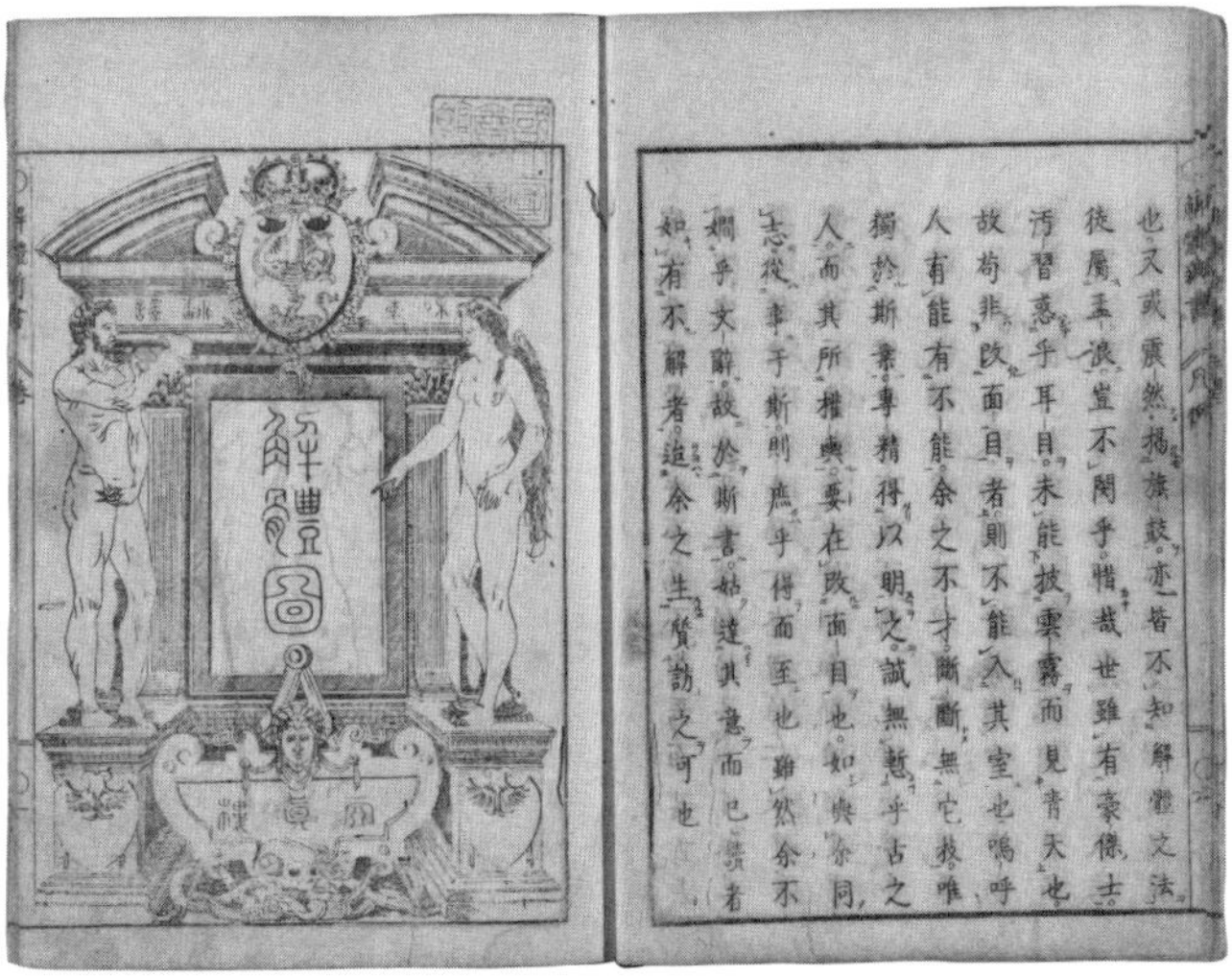

▲『解体新書《かいたいしんしょ》』

杉田《すぎた》は、前野良沢《まえのりょうたく》、中川淳庵《なかがわじゅんあん》たちとともに、オランダ語の翻訳《ほんやく》に苦労しながら、本文４巻、序《じょ》および図１巻を出版《しゅっぱん》した。

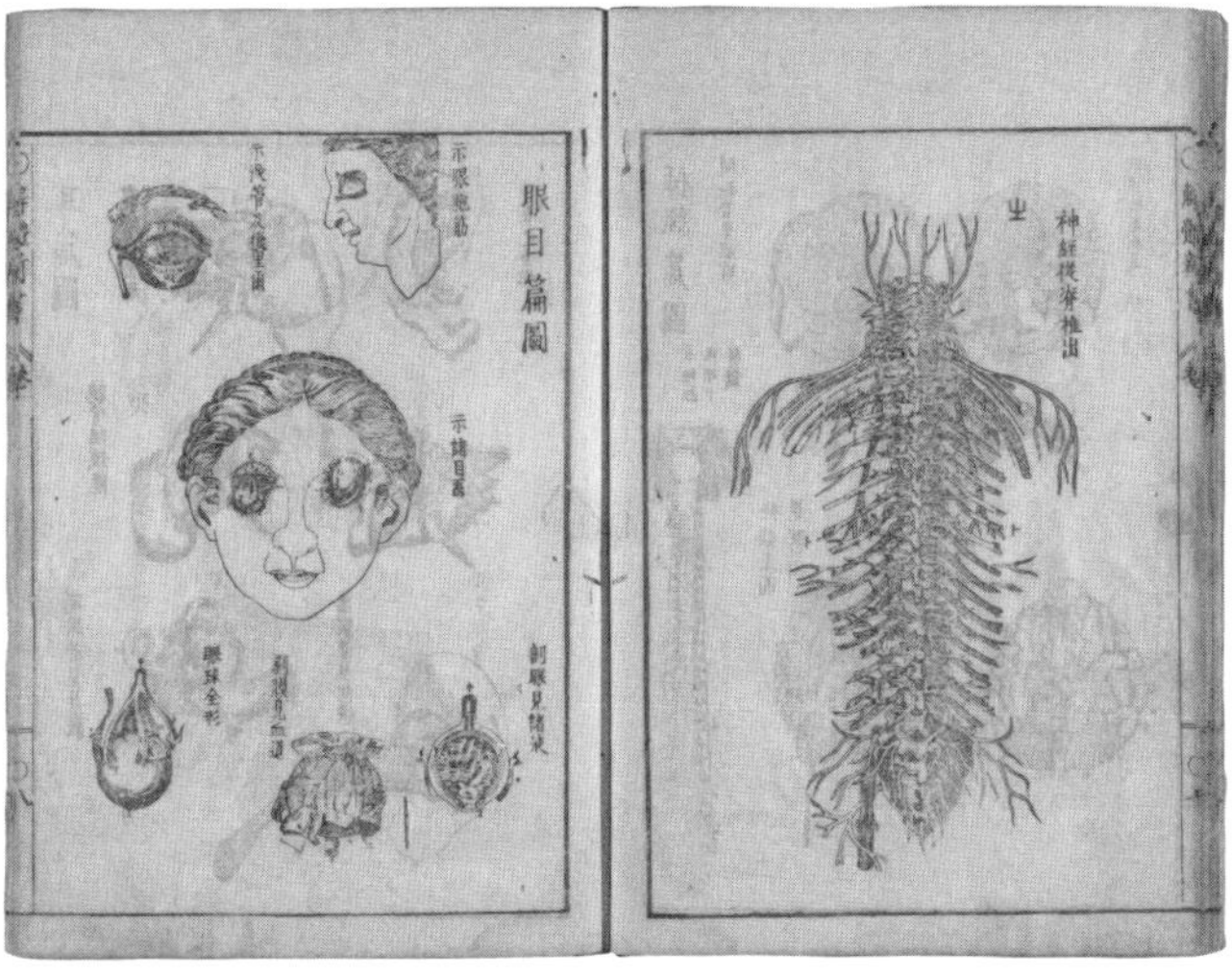

▲『解体新書《かいたいしんしょ》』

直武《なおたけ》は、江戸《えど》に出てわずか８か月後には、このさし絵を描《か》いています。

源内の人生と、生きた時代

源内の人生におきた出来事を見ていきましょう。
どんな時代、どんな社会を生きたのでしょうか。

時代	西暦	年齢	源内の出来事	世の中の出来事
江戸	一七二八	0歳	高松藩《たかまつはん》（現在《げんざい》の香川県《かがわけん》）の志度浦《しどうら》で生まれる	
	一七三九	十一歳	このころ、からくり掛《か》けじく「御神酒天神《おみきてんじん》」をつくる	松平頼恭《まつだいらよりたか》が高松藩主《たかまつはんしゅ》となる
	一七四九	二十一歳	父の茂左衛門《もざえもん》がなくなり、家督《かとく》を継《つ》ぐ 平賀姓《ひらがせい》を名のりはじめる	
	一七五二	二十四歳	長崎《ながさき》へ遊学	
	一七五三	二十五歳	鞆《とも》の浦《うら》（鞆之津《とものつ》）で良質《りょうしつ》の陶土《とうど》を見つけ、製陶《せいとう》をすすめる	
	一七五四	二十六歳	八月、藩《はん》に出していた辞職《じしょく》願いの許可《きょか》がおりる 妹の里与《りよ》の婿養子《むこようし》に従弟《いとこ》の礒五郎《いそごろう》（権太夫《ごんだゆう》）をむかえ、平賀家《ひらがけ》の家督《かとく》をゆずる	
	一七五五	二十七歳	量程器《りょうていき》、磁針器《じしんき》をつくる	

江戸

一七五六	二十八歳	三月、大坂《おおさか》をへて江戸《えど》へ行く 本草学者《ほんぞうがくしゃ》、田村藍水《たぬまらんすい》（元雄）に入門する
一七五八	二十九歳	林家に入門 田村藍水《たぬまらんすい》を説得《せっとく》して第一回薬品会を湯島《ゆしま》で開催《かいさい》する
一七五九	三十一歳	湯島《ゆしま》で第三回薬品会を源内の主催《しゅさい》で開催《かいさい》する
一七六〇	三十二歳	五月、薬坊主格《やくぼうしゅかく》となる 七月、藩主《はんしゅ》の供《とも》として帰郷《ききょう》、とちゅう紀州《きしゅう》の物産《ぶっさん》を調査《ちょうさ》する
一七六一	三十三歳	二月、辞職《じしょく》願いを出し、九月に許可《きょか》される 芒硝《ぼうしょう》を採取《さいしゅ》する
一七六二	三十四歳	湯島《ゆしま》で第五回東都薬品会を主催《しゅさい》 『紀州産物志《きしゅうさんぶつし》』を出す
一七六三	三十五歳	『物類品隲《ぶつるいひんしつ》』（全六巻）を刊行《かんこう》 戯作《ぎさく》『根南志草《ねなしぐさ》』（前編）、『風流志道軒伝《ふうりゅうしどうけんでん》』を刊行《かんこう》
一七六四	三十六歳	一月、秩父《ちちぶ》の中津川《なかつがわ》山中で石綿を発見する 火浣布《かかんぷ》をつくり、田沼が幕府《ばくふ》に献上《けんじょう》する
一七六五	三十七歳	『火浣布略説《かかんぷりゃくせつ》』を刊行《かんこう》
一七六六	三十八歳	秩父《ちちぶ》で金山の開発ををはじめる

田村藍水《たぬまらんすい》が幕府《ばくふ》の医官になる

時代	西暦	年齢	源内の出来事	世の中の出来事
江戸	一七六八	四十歳	タルモメイトル（寒暖計《かんだんけい》）をつくる	
	一七六九	四十一歳	戯作《ぎさく》『根南志草後編《ねなしぐさこうへん》』を刊行《かんこう》する	田沼意次《たぬまおきつぐ》が老中格となる
	一七七〇	四十二歳	初《はじ》めて書き下ろした浄瑠璃《じょうるり》『神霊矢口渡《しんれいやぐちのわたし》』の初演《しょえん》 十月、阿蘭陀翻訳御用《おらんだほんやくごよう》として長崎《ながさき》へ行く	
	一七七一	四十三歳	このころ「西洋婦人図《ふじん》」を描《か》いたとされる 長崎《ながさき》からの帰りに小豆島《しょうどしま》に寄《よ》り、大坂《おおさか》に滞在《たいざい》する 郷里《きょうり》の志度《しど》で、源内焼《やき》の作り方を伝《つた》える	松平頼恭がなくなる
	一七七二	四十四歳	二月、留守中《るすちゅう》の火事で源内の家が焼《や》ける 秋、大坂《おおさか》から江戸《えど》に帰る	
	一七七三	四十五歳	秋田藩《あきたはん》にまねかれ、鉱山《こうざん》再開発のため秋田へ行く 藩士《はんし》の小田野直武《おだのなおたけ》たちに洋画を伝《つた》える	
	一七七四	四十六歳	『里のをだ巻評』『放屁論《ほうひろん》』を刊行《かんこう》する	杉田玄白《すぎたげんぱく》らが『解体新書』を刊行《かんこう》
	一七七五	四十七歳	秩父《ちちぶ》で炭焼《すみや》きをはじめる 荒川《あらかわ》の通船工事が成功《せいこう》して、秩父《ちちぶ》の木炭《もくたん》を運ぶ	
	一七七六	四十八歳	春、菅原櫛《すがわらぐし》（源内櫛《げんないぐし》）を売り出す エレキテルの復元《ふくげん》に成功《せいこう》する	田村藍水《たむららんすい》がなくなる アメリカが独立宣言《どくりつせんげん》をする
	一七七七	四十九歳	五月、『放屁論後編《ほうひろんこうへん》』を刊行《かんこう》する	

江戸

一七七八　五十歳　エレキテルを偽造《ぎぞう》したため弥七《やしち》を訴《うった》える

一七七九　五十一歳　十一月、あやまって人を殺傷《さっしょう》する
十二月、獄中《ごくちゅう》で病死《びょうし》する（一七八〇年一月二十四日）

記念館《きねんかん》へ行こう

源内のゆかりの地にある記念館《きねんかん》で、作品などを見ることが出来ます。

平賀源内記念館《きねんかん》

資料展示《しりょうてんじ》のほか、体験《たいけん》コーナーもあります。

〒 769-2101　香川県さぬき市志度 587-1

TEL : 087-894-1684　FAX : 087-894-1684

http://hiragagennai.com

開館時間　9：00 ～ 17：00

休館日　月曜日（祝日、振替《ふりかえ》休日の場合はその翌日《よくじつ》）年末年始

旧《きゅう》平賀《ひらが》家《け》住宅《じゅうたく》主屋《しゅおく》

源内が生まれた家。国の登録有形文化財《とうろくゆうけいぶんかざい》（建造物《けんぞうぶつ》）になっています。

〒 769-2101　香川県さぬき市志度 46 -1

記念館本館から、550 メートルほど西にあります。

近くには、銅像《どうぞう》や薬草園もあります。

資料提供・協力

郵政博物館

平賀源内記念館

公益財団法人平賀源内先生顕彰会

神戸市立博物館

櫛かんざし美術館

公益財団法人 平木浮世絵財団

参考資料

『平賀源内展』（東京新聞　発行）

国会図書館デジタルアーカイブ

『本草学者 平賀源内』（土井康弘　著・講談社）

著者紹介

作者

榎本　秋（えのもと　あき）

東京生まれ。WEBプランニング、ゲーム企画のほか、日本史に関する執筆、監修、編集業務などを数多く手がけている。主な著書に『歴代征夷大将軍総覧』『外様大名40家』（ともに幻冬舎）『殿様の左遷・栄転物語』（朝日新書）など。福原俊彦の筆名での小説に『隠密旗本』（光文社）などがある。

菅沼友加里（すがぬま　ゆかり）　執筆協力

榎本事務所所属。2015年1月に『大奥女中は見た（一）江戸城の虜囚』（富士見新時代小説文庫）にて時代小説家デビューしたほか、本名名義での電子書籍『平清盛』（yomel.jp）や別名義での一般向け小説などの執筆経験がある。

画家

野村愛奈美（のむら　まなみ）

愛知県在住。日本マンガ芸術学院を卒業後フリー。主にデジタルとアクリルガッシュで制作しており、デジタル作品はweb上でアクリル作品は東京の展示等で作品を発表している。

http://skg9624.tumblr.com/

企画・編集

野上　暁（のがみ　あきら）

日本ペンクラブ常務理事、JBBY副会長、東京純心大学こども文化学科客員教授。

編集協力　奥山修

装丁　白水あかね

伝記を読もう　15

平賀源内
江戸の天才アイデアマン

2018年4月　初　版
2024年5月　第5刷

作　者　榎本　秋
画　家　野村愛奈美

発行者　岡本光晴
発行所　株式会社 あかね書房
〒101-0065　東京都千代田区西神田 3-2-1
電話　03-3263-0641（営業）　03-3263-0644（編集）
https://www.akaneshobo.co.jp
印刷所　図書印刷 株式会社
製本所　株式会社 難波製本

NDC289　144p　22cm　ISBN 978-4-251-04615-4

伝記を読もう

人生っておもしろい！
さまざまな分野で活躍《かつやく》した人たちの、
生き方、夢《ゆめ》、努力《どりょく》…… 知ってる？

❶ **坂本龍馬《さかもとりょうま》**
世界を夢《ゆめ》見た幕末《ばくまつ》のヒーロー

❷ **豊田喜一郎《とよだきいちろう》**
自動車づくりにかけた情熱《じょうねつ》

❸ **やなせたかし**
愛《あい》と勇気《ゆうき》を子どもたちに

❹ **伊能忠敬《いのうただたか》**
歩いて作った初《はじ》めての日本地図

❺ **田中正造《たなかしょうぞう》**
日本初《はつ》の公害《こうがい》問題に立ち向かう

❻ **植村直己《うえむらなおみ》**
極限《きょくげん》に挑《いど》んだ冒険家《ぼうけんか》

❼ **荻野吟子《おぎのぎんこ》**
日本で初《はじ》めての女性医師《じょせいいし》

❽ **まど・みちお**
みんなが歌った童謡《どうよう》の作者

❾ **葛飾北斎《かつしかほくさい》**
世界を驚《おどろ》かせた浮世絵師《うきよえし》

❿ **いわさきちひろ**
子どもの幸せと平和を絵にこめて

⓫ **岡本太郎《おかもとたろう》**
芸術《げいじゅつ》という生き方

⓬ **松尾芭蕉《まつおばしょう》**
俳句《はいく》の世界をひらく

⓭ **石井桃子《いしいももこ》**
子どもたちに本を読む喜《よろこ》びを

⓮ **円谷英二《つぶらやえいじ》**
怪獣《かいじゅう》やヒーローを生んだ映画監督《えいがかんとく》

⓯ **平賀源内《ひらがげんない》**
江戸《えど》の天才アイデアマン

⓰ **椋《むく》 鳩十《はとじゅう》**
生きるすばらしさを動物物語《どうぶつものがたり》に

⓱ **ジョン万次郎《まんじろう》**
海をわたった開国の風雲児《ふううんじ》

⓲ **南方熊楠《みなかたくまぐす》**
森羅万象《しんらばんしょう》の探究者《たんきゅうしゃ》

⓳ **手塚治虫《てづかおさむ》**
まんがとアニメでガラスの地球《ちきゅう》を救《すく》え

⓴ **渋沢栄一《しぶさわえいいち》**
近代日本の経済《けいざい》を築《きず》いた情熱《じょうねつ》の人

㉑ **津田梅子《つだうめこ》**
日本の女性《じょせい》に教育で夢《ゆめ》と自信を

㉒ **北里柴三郎《きたざとしばさぶろう》**
伝染病《でんせんびょう》とたたかった不屈《ふくつ》の細菌《さいきん》学者

㉓ **前島《まえじま》 密《ひそか》**
郵便《ゆうびん》で日本の人びとをつなぐ

㉔ **かこさとし**
遊びと絵本で子どもの未来を

㉕ **阿波根昌鴻《あはごんしょうこう》**
土地と命を守り沖縄から平和を

㉖ **福沢諭吉《ふくざわゆきち》**
自由と平等を教えた思想家

㉗ **新美南吉《にいみなんきち》**
愛《あい》と悲しみをえがいた童話作家

㉘ **中村《なかむら》 哲《てつ》**
命の水で砂漠《さばく》を緑にかえた医師《いし》

㉙ **牧野富太郎《まきのとみたろう》**
植物研究ひとすじに

㉚ **丸木《まるき》 俊《とし》**
「原爆《げんばく》の図」を描《えが》き世界に戦争《せんそう》を伝《つた》える